病院がはじめて大麦の魅力を解説

慈恵大学病院の
おいしい大麦レシピ

監修　東京慈恵会医科大学附属病院　栄養部

大麦でつくる健康

「生活習慣病には大麦がよい！」と
このところ話題になっています。
人類が原人といわれる頃から食べられていた、
最古の食物・大麦が、こんなに医療が進んだ
現代において見直される理由はどこにあるのでしょう？
慈恵大学病院が「食」と「医」の両面から、
大麦の魅力に迫ってみました。

contents

1章 大麦ってスゴイ！注目される大麦の健康パワー ………7

- その1　大麦に豊富なβ-グルカンが生活習慣病をガードする ………8
- その2　糖尿病の予防 ………10
- その3　コレステロールの低減 ………12
- その4　免疫力の向上 ………14
- その5　メタボリックシンドロームの解消 ………16
- その6　便秘の解消 ………18
- その7　高血圧の予防 ………20
- 対談　慈恵大学病院だからこそ語れる「大麦」の健康パワー ………22
- コラム　「ビタミンの父」と称される高木兼寛 森鷗外との脚気（かっけ）論争に勝つ！ ………24

2章 10日間で健康体感！大麦バランスメニュー ………25

- 1日目　本格エビチリごはん ………26
- 2日目　満足かつ丼ランチ ………30
- 3日目　ヘルシー和定食 ………34
- 4日目　サクサク天ぷら献立 ………38
- 5日目　絶品！ 麦飯カレーライス ………42
- 6日目　麦こがしバーガーセット ………46
- 7日目　とろみかき玉うどん献立 ………50
- 8日目　ちょっと贅沢すき焼き献立 ………54
- 9日目　チキンの香草焼き献立 ………58
- 10日目　野菜たっぷり 肉豆腐献立 ………62
- コラム　日本人の国民食「カレーライス」を普及させた海軍軍医総監・高木兼寛 ………66

3章 今日から大麦サポーター！ 知りたい大麦の秘密 ………67

世界最古の長〜〜〜いおつきあい　大麦っていったいどんな穀物？ ………68
料理によって使い分け　加工大麦6つの個性 ………70
絶対に失敗しない　おいしい麦ごはんの炊き方 ………72
いろんな料理に使える大麦調理の基本　ゆで大麦の作り方と保存方法 ………74
ゆでて、炒って、レンジでチン！　麦ごはんだけじゃない大麦の調理法 ………76
キッチンに置いてすぐに使える　乾燥大麦の保存方法 ………77
コラム　南極大陸に偉人として名を残す　高木兼寛の知られざる功績 ………78

4章 生活習慣病をしっかり予防する 大麦主食レシピ ………79

押麦のドリア ………80
麦ごはんリゾット ………81
麦入りイカめし ………82
もっちりチヂミ ………83
押麦のミートソース ………84
大麦キーマカレー ………85
もち麦ちまき ………86
押麦のニョッキ／きのこのクリームソース ………88
麦ごはんのビビンバ ………90
そぼろごはん ………91
コラム　これからの調理の味付けは小さい単位まで量ることが大切 ………92

5章 健康美人になるための おいしい大麦のおかず ………93

- もち麦入り春巻き ………94
- 鶏ささみフライと大麦タルタルソース ………95
- ミネストローネスープ ………96
- 押麦・大豆と白菜の豆乳スープ ………97
- ひじきサラダ ………98
- 大麦とわかめの梅サラダ ………98
- 大麦ハンバーグ ………99
- 生姜が効いた肉団子鍋 ………100
- キャベツと鶏肉のスープ ………101
- 麦入り餃子 ………102
- 豆腐ハンバーグ ………103
- 鮭と麦味噌のホイル焼き ………104
- ふろふき大根の麦味噌のせ ………105
- 大麦入りネバネバ小鉢 ………106
- たっぷり麦の白和え ………107

大麦Q&A ………108

慈恵大学病院 栄養部　紹介 ………110

凡 例

- 大麦マークの付いたレシピに大麦を使用しています。
- 材料はすべて「g」表記を使用しています。
  慈恵大学病院は健康増進および疾病からの回復を目的としてレシピを作成していますので、香辛料などを除き、「少々」「ひとつまみ」「大さじ○杯」「小さじ○杯」といった表現を極力避け、材料の正確な分量を出すようにしています。
- 水も「g」で表記しています。1g＝1mlです。
- 材料とカロリー表記に関しては1人前を前提にしています。
  （作り方の説明写真には複数名分で調理している場合があります）

1章

大麦ってスゴイ！
注目される
大麦の健康パワー

いま、大麦の健康効果にとっても注目が集まっています。
いったいどんな成分が、どんな健康パワーを秘めているのでしょうか？
そんな大切なお話しを、きちんと説明してもらえたらイイですね。
大麦のパイオニアともいえる慈恵大学病院の先生方に、
元気の素・大麦の秘密をわかりやすく解説していただきます。

大麦ってスゴイ！ その1
大麦に豊富なβ-グルカンが生活習慣病をガードする

高血圧や高血糖、肥満に脂質異常など——。これらの症状は私たちの食生活をはじめとした生活習慣の乱れが大きな原因で引き起こされ、さらに重篤な病気を発症させるきっかけになります。こうした健康問題を解消するものがあるといいですね。それが大麦の主要な成分の中にあると、注目を浴びています。

海外では「コレステロール値を低下させる」「血糖値の上昇を抑える」「便秘を解消する」など、健康に対して明らかな効果がある食品として認められているのが大麦です。日本でもここ数年、マスコミで随分と紹介されるようになり、大麦の健康効果、美容効果が知られるようになりました。

それでは、いったい大麦の何が健康や美容に良くて注目されているのでしょうか？ その最大の理由は「食物繊維」が豊富に含まれているところにあります。

ひと昔前まで、食物繊維は食物から栄養分を取った後のカスくらいにしか考えられませんでした。それがいまでは糖質、脂質、タンパク質、ミネラル、ビタミンからなる「5大栄養素」に次ぐ「第6の栄養素」といわれるまでになっています。

食物繊維は水に溶けにくい不溶性食物繊維と、水に溶ける水溶性食物繊維とに大きく分けられます。不溶性食物繊維は胃腸内で水分を吸収してふくらみ、腸を刺激して便通をよくするほか、整腸効果もあります。一方の水溶性食物繊維は粘性や吸着性があり、糖質の吸収をゆるやかにして血糖値を抑えたり、コレステロールを吸着して体外に排出したり、不溶性食物繊維と同様に整腸効果もあります。

大麦は食物繊維の全体量も多いのですが、「β-グルカン」と呼ばれる水溶性食物繊維が際立って多いところが注目の的となっているのです。

米国のFDA（アメリカ食品医薬品局）は2006年に水溶性食物繊維（大麦β-グルカン）を1食当たり0.75g以上含む食品に心疾患のリスクを下げる旨の表示を認可しています。またEUにおいても大麦が健康に貢献する科学的根拠が認められるとしています。世界で認められる大麦のこの特徴が、近年増え続けている生活習慣病の改善に役立つと考えられ、日本でも様々な研究が進んでいるのです。

「β-グルカン」をはじめ、大麦の成分がどんな生活習慣病に有効なのか、次の項目から見ていきましょう。

精白米

水溶性食物繊維量
微量

食物繊維総量
0.5g

※「日本食品標準成分表2010」より引用
・表示した値は、可食部100g当たりに含まれる成分を表します。

小麦粉（中力粉）

水溶性
食物繊維量
1.2g

食物繊維総量
2.8g

大麦（押麦）

水溶性
食物繊維量
6.0g

食物繊維総量
9.6g

水溶性
食物繊維量
0.6g

食物繊維総量
9.0g

とうもろこし

水溶性
食物繊維量
1.1g

食物繊維総量
7.4g

アマランサス

大麦ってスゴイ！ その2
糖尿病の予防

高血糖を解消するには大麦がよい！　そんな臨床実験の結果が、海外から伝わってきます。
しかし、欧米人とは体格も食生活も違う日本人ではどうなのでしょうか？
東京慈恵会医科大学の宇都宮一典主任教授に糖尿病と大麦の効果について解説していただきました。

　日本人の4人に1人が患者かその予備軍といわれている糖尿病。糖尿病は、体の中でインスリンの作用が不足し、摂取した食物エネルギーを適切に代謝できなくなるために血糖値が高くなる病気です。糖尿病をそのまま放っておくと、網膜の細い血管が損傷し失明につながる糖尿病網膜症、人工透析につながる糖尿病腎症、手や足がしびれる糖尿病神経障害といった合併症を引き起こし、生命を危険にさらす恐れがあります。

　日本人の糖尿病の95%は2型と呼ばれるもので、体質的な素因に加え、内蔵脂肪型肥満によるインスリン作用の減弱が原因とされています。

　では食生活の面から糖尿病予防・改善を図るにはどのような食材を摂るべきでしょうか。高度経済成長期以降の日本人は食物繊維の摂取量を減らしています。厳密な関連性はいえないものの、食物繊維の摂取減とともに糖尿病が増えているともいえます。

　食物繊維は脂肪の吸収を抑え肥満を解消すること、そして食後の血糖値の急上昇を防いでくれます。

　そういった意味で食物繊維の豊富な大麦は理想的な食材であるといえます。とくにβ-グルカンという水溶性の食物繊維が飛び抜けて多く、食後の血糖値を是正することが分かっています。実際に私達がこれを検証した結果として、右のグラフに示しています。食後の血糖値は麦飯で明らかに抑制されており、インスリン分泌も少なくて済むことが分かったのです。この結果から、糖尿病の血糖管理に、大麦が適していると考えています。

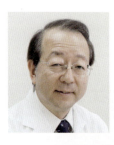

東京慈恵会医科大学
内科学講座
糖尿病・代謝・内分泌内科
主任教授　宇都宮 一典先生

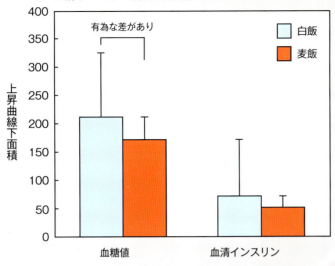

試験食負荷後の血糖および
血清インスリン濃度上昇曲線下面積の比較

データ：日本病態栄養学会誌10(2)：183-187,2007
「麦飯が耐糖能障害者の糖・脂質代謝に及ぼす効果の検討」

大麦ってスゴイ！その3
コレステロールの低減

健康診断でコレステロール値(LDL)が高いといわれたことがある方は多いのではないでしょうか。
血液中で過剰になったコレステロールは悪玉化し、血管を攻撃して老化を促進させます。
大麦は脂質異常症にも有効であることを、東京慈恵会医科大学の宇都宮一典主任教授に解説いただきました。

　コレステロールは人間や動物の体の中だけに存在する脂質（脂肪）です。成人の体の中には100〜150gほどのコレステロールがあり、血管を通って体中の臓器に運ばれ細胞を構成する成分になったり、ホルモンの材料になったり消化液の胆汁酸の主成分になったりと、私たちの生命を維持するのに欠かせない役割を果たしています。

　体にとってとても大切な成分であるコレステロールは、血液中の量が一定にコントロールされています。ところが、運動不足や油っぽい食べ物を食べ過ぎたりすることが続くと、血液中の脂質が多くなったり、いくつかある脂質のバランスが崩れてしまうことがあるのです。この脂質のバランスが崩れた状態を「脂質異常症」といいます。

　中でも、高コレステロール血症では、増えすぎたコレステロールが悪玉化して血管の内壁に付着し、しだいに血液の通り道を狭めていきます。すると血管そのものが硬くなり弾力性をなくす「動脈硬化」を引き起こします。さらにこの状態が進行すると、やがて血流が止まり本来供給されるはずの血液が行き届かないことによって、組織が障害を受けることになります。

　こうした症状が心臓で起これば狭心症や心筋梗塞、脳で起これば脳梗塞、末梢動脈で起これば閉塞性動脈硬化症という疾患になり、時によっては生命を重大な危機に陥れます。一方、脂質異常症を上手にコントロールし動脈硬化を防ぐことが、長生きにつながることが明らかにされています。

　大麦に極めて多く含まれるβ-グルカンという水溶性の食物繊維は、血糖値を是正するだけでなく、食物繊維が余計な脂質成分であるコレステロールを吸着し体に吸収されるのを抑制して、高コレステロール血症を是正することがさまざまな研究で分かっています。

東京慈恵会医科大学
内科学講座
糖尿病・代謝・内分泌内科
主任教授　宇都宮 一典先生

データ：C.Shimizu, M.Kihara, S.Aoe, S.Araki, K.Ito, K.Hayashi, J.Watari, Y.Sakata, S.Ikegami: Effect of high β-glucan barley on serum cholesterol concentrations and visceral fat area in Japanese men-A randomized, double-blinded, placebo-controlled trial, Plant Foods for Human Nutrition, 63巻, 21-27(2008)

軽度高コレステロール血症者における麦飯の効果

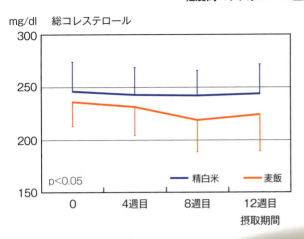
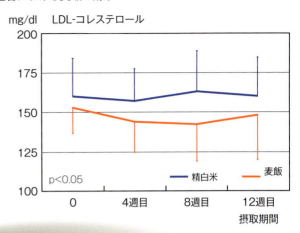

大麦ってスゴイ！ その4
免疫力の向上

食物を体に取り入れて栄養分を吸収する腸管には、からだを細菌などから守るたくさんの免疫組織があります。この腸内で大麦の食物繊維であるβ-グルカンが免疫機能を高める働きをすることが分かりました。詳細について、東京慈恵会医科大学の猿田雅之主任教授に解説していただきました。

　大腸の病気が増えています。便秘によって生じる毒素が影響しているからとも、食生活の変化で食物繊維などが減り、脂っこいものの摂取量が増えて、腸に過剰なストレスがかかっているからともいわれています。さらに、食物繊維や魚の摂取量が減ったことが免疫力を低下させている有力な原因だともいわれています。では、腸内の免疫機能とはいったいどういったものでしょうか？

　私たちが食事をすると、体は必要とするものを栄養として取り込み、排除すべきものはマクロファージといわれる細胞やリンパ球などが、それを身体に害をなす敵とみなして攻撃します。こういった免疫機能が腸内環境の乱れから狂うことがあるのです。

　例えば、便が溜まると老廃物をより吸収してしまい、体にマイナスの影響を与えることが知られています。そうした状況を解消するには腸内の便をきれいに取り去る食物繊維の役割が大きな力になります。また、大麦の水溶性食物繊維であるβ-グルカンにいたっては、そのものが腸の免疫力を高めるという報告もされています。

　その仕組みをガンという病気で説明します。ガンは人間の誰もがなり得る病気で、ガン細胞になり得る細胞を体の中に持っています。ところが免疫機能が働くとガンになりかけの細胞が、ナチュラルキラー細胞（NK細胞）によって排除されます。大麦のβ-グルカンはこのNK細胞に作用して免疫力を高めているようです。

　また、マウスの免疫細胞にβ-グルカンを足していくと、β-グルカンの量が増えるにつれて免疫能力を高める物質も増えたと報告されています（右図）。大麦と免疫機能についてはまだ研究段階ですが、大麦を食すことが健康にプラスに働くことは明らかです。

東京慈恵会医科大学
内科学講座
消化器・肝臓内科
主任教授　猿田 雅之先生

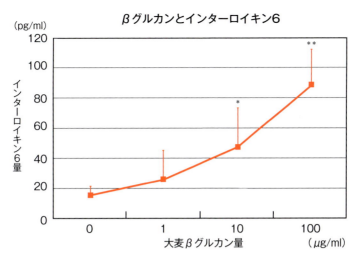

マウスの免疫細胞（マクロファージ）に大麦のβグルカンを作用させると、βグルカン量に比例して、免疫力の指標となるIL-6（インターロイキン6）が増加する（*$p<0.05$、**$p<0.01$）。
データ：Immunol Lett. 2009;123,144-148.

大麦ってスゴイ！　その5
メタボリックシンドロームの解消

「メタボ」と診断されたら怖い心臓病の一歩手前まで来ていると思った方がいいでしょう。
原因はいくつかの因子が重なることによって起こるのですが、ベースは内臓脂肪型肥満です。
肥満の怖さと大麦効果について、東京慈恵会医科大学の宇都宮一典主任教授に解説していただきました。

　「メタボ」という略称で呼ばれているメタボリックシンドロームですが、憎めない響きとは裏腹に、いろいろな慢性疾患の温床になるのです。メタボリックシンドロームは、内臓脂肪型肥満に加えて、高血糖、高血圧、脂質異常のうちいずれか2つ以上をあわせもった状態のことをいいます。

　心臓病などメタボリックシンドロームによって引き起こされる病気の発症の危険性は、危険因子がいくつ重なるかによって変わり、その数が増えるほどに危険度は高まります。とくに、危険因子が3つ以上重なる場合は危険度は飛躍的に上昇します（図参照）。思い当たる方はいますぐ体質の改善に取り組んでください。

　なぜ内臓脂肪型肥満がメタボリックシンドロームを起こすのでしょうか？じつは高血圧や脂質異常症、糖尿病に共通して重要視されているのはインスリン抵抗性といわれる病態です。インスリンは血糖値を下げるホルモンで、主に筋肉や肝臓などで働いています。内臓脂肪はインスリンの作用を妨害する物質を産生し、高血圧、脂質異常症ひいては糖尿病の発症を促すことがわかっています。内臓脂肪が多すぎると、こうしたインスリン抵抗性を悪化させるように働いてしまうのです。ですから、メタボリックシンドローム予防には、体重を落とすことがまず重要視されるというわけです。

　そこで大麦を食べると、β-グルカンが小腸で余計な脂肪の吸収を抑制するため、内臓脂肪が減少すると考えられます。内臓脂肪は「溜まりやすく、取れやすい」脂肪といわれています。大麦でその効果を試して見ることをオススメします。

東京慈恵会医科大学
内科学講座
糖尿病・代謝・内分泌内科
主任教授　宇都宮 一典先生

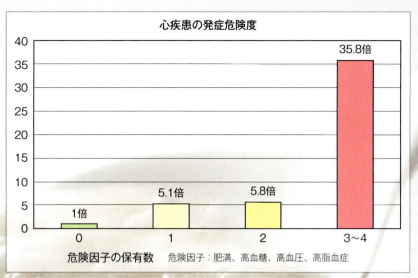

1章 ●注目される大麦の健康パワー

大麦ってスゴイ！ その6
便秘の解消

ほんらい体の外に出すべき食べ物のカスが、いつまでも腸内に残っていることは、
健康を害する毒素をいつまでも抱えていることであり、様々な疾患を誘発する原因と考えられています。
そこで、東京慈恵会医科大学の猿田雅之主任教授に便秘と大麦の効果について解説していただきました。

　便秘の中で最も多いのが、腸の機能が落ちることによって起こる弛緩性便秘といわれるものです。弛緩性便秘は老化や運動不足などによって筋肉が衰え、腸の運動が鈍くなったことが原因で起こります。また、偏った食事や無理な食事制限によるダイエットを行うと、筋力の衰えに加えて腸内の食物繊維の量も減っているため、便意も起こりにくくなってしまいます。

　弛緩性便秘になると腸内で有害ガスなどが発生するため、お腹の張りも強くなります。さらに排便後も残便感があり、スッキリとしません。このため、排便を促すために刺激性の下剤を常用される方がいますが、下剤依存症になることもあるので、医師に相談されることをお勧めします。

　便秘によってさまざまな疾患が引き起こされます。「アレルギー」は便の中に含まれる有害物質が腸内に長くとどまることが原因のひとつと考えられています。「痔」は痛みをともなうため、便意をもよおしても我慢してしまい、より便秘を悪化させ、それがまた痔を悪化させるという悪循環を生みます。

　表のように、便秘が原因で引き起こされる疾患はさまざまです。これを防ぐためには、便秘薬などの薬物を使う前に、やはりできるだけ運動や食生活の改善で解消することが望まれます。

　そこで注目されているのが食物繊維です。食物繊維は便に水分を含ませ、やわらかくする効果があるので、腸の運動を安定的に助け、無理せずに便を出やすくすることができます。β-グルカンをはじめとする食物繊維を極めて多く含む大麦は、健康的な便通回復に大きく貢献することでしょう。また、便秘が解消されれば、吹き出物など肌トラブルの解消など、美容面での効果も期待できます。

東京慈恵会医科大学
内科学講座
消化器・肝臓内科
主任教授　猿田 雅之先生

便秘が原因で引き起こされる症状

ニキビ・吹き出物	体臭・口臭	おなら	痔	アレルギー
頭痛	吐き気	食欲不振	めまい	肩こり
腹痛	倦怠感	不眠症	無気力	疲労感
肥満	腸閉塞	動脈硬化	大腸ポリープ	精神的ストレス

大麦ってスゴイ！ その7
高血圧の予防

毎日、ご自宅で血圧測定をされている方は多いのではないでしょうか？
高血圧は脳や心臓に重大な合併症を引き起こします。大麦はここでも機能してくれるのでしょうか。
東京慈恵会医科大学の横尾隆主任教授に高血圧症と大麦の効果について解説していただきました。

　高血圧はなぜ起きるのでしょうか？　人の動脈はもともとしなやかな弾性を持っています。しかし、通常よりも高い圧力がかかると血管の壁が少しずつ傷つき、修復され、また傷つくといった繰り返しで動脈の壁は厚くなり弾性をなくしてしまいます。これが動脈硬化です。動脈硬化は血管壁をどんどん厚くし血液の流れるスペースを狭くしていきます。血液が流れにくくなると血圧を高くして血流を確保しようとします。すると、高血圧のためにまた動脈硬化が進むという悪循環になります。

　一方、塩分濃度を調整する腎臓は、体内の塩分が多いと濃度を下げるために体から水分が排泄されるのを防ぎ、体液を増やすことで塩分濃度調節を行います。すると水分が増えた分、血液の量も増え血圧が上昇するという仕組みを持っています。高血圧の人が塩分を控えるようにと忠告されるのはこのためなのです。

　大麦は食物繊維を豊富に含みます。とくに水溶性食物繊維であるβ-グルカンは極めて多く、こうした食物繊維が塩分の吸収を抑え高血圧を予防するという報告もあります。また大麦にはカリウムが米の2倍、カルシウムが3倍含まれています。

　腎臓機能が正常な方であれば、カリウムは体内の余分なナトリウムを体外に排泄する働きがあるため、

カリウムの多い食物を摂ると血圧が下がることが報告されています。また、カルシウムは血圧を低下させ安定させる役割を果たします。カルシウムが不足すると体内のナトリウムが増え血圧が上昇します。

欧米人と日本人では体質の違いがあり欧米のデータを鵜呑みにはできませんが、日本においては、β-グルカンによる塩分吸収抑制効果、カリウムによる塩分排泄効果などが期待できる大麦は、魅力的な食材といえます。

東京慈恵会医科大学
内科学講座
腎臓・高血圧内科
主任教授　横尾 隆先生

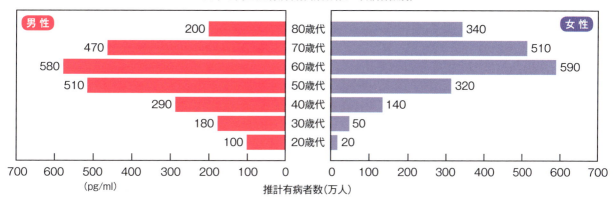

日本の高血圧有病者推計数（性・年齢階級別）

データ：NIPPON DATA2010および2010年国勢調査人口より推計

慈恵大学病院だからこそ語れる「大麦」の健康パワー

『慈恵大学病院のおいしい大麦レシピ』は医療機関が日本で初めて出す大麦レシピ本です。なぜ大麦なのか？ 慈恵大学病院の病院食を支えるキーマンお二人にお話しを伺いました。

慈恵大学病院といえば「大麦」 大麦レシピ本出版は必然！

桑野 記念すべき大麦レシピ本が出版されましたね。大麦の健康効果について、今までにないほどテレビ番組や新聞、雑誌などマスコミで取り上げられていますから、慈恵大学病院としては絶妙のタイミングでこの本を出せたわけですね。

濱 レシピ本全盛ですから、慈恵ならではの特徴付けがされていないと、誰も見てくれないだろうと少々焦りました。そんな折も折、世間は大麦ブーム真っ盛り。「これだ！」と思いましたね。今まで医療機関が一切触れていないジャンルで、しかも慈恵大学病院だからこそ堂々と取り上げられるテーマが大麦だったのです。

桑野 大麦をごはんに混ぜて食べることによって、世界で初めて脚気の撲滅に成功した高木兼寛先生は慈恵大学病院の創始者。これはもう、大麦レシピ本の出版は慈恵大学病院の栄養部が作り上げる宿命と考えざるを得ない。

濱　裕宣
東京慈恵会医科大学
附属病院
栄養部 課長
管理栄養士

大麦は主食はもちろん、おかず、さらにスイーツにだって使える食材。『慈恵大学病院のおいしい大麦レシピ』を参考にして、家族の健康づくりをはじめよう！

創設者・高木兼寛の脚気撲滅活動が慈恵大学病院と大麦の最初の関わり。

食材としての大麦の魅力をご紹介しその健康効果を医学面から解説

濱　そうなんです。高木先生の偉大な業績により、「大麦」と慈恵大学病院は切っても切れない関係にあるわけで、そのことはどこよりも強力にアピールできる我々の誇りであると、栄養部全員が認識を一致させたのです。

桑野　それこそが、他のレシピ本とは違う「慈恵らしい」本になったということですね。大麦は、コレステロール低減や高血糖の抑制、肥満解消など生活習慣病全般に有効であり、大麦を食べるということは個々の病気にとらわれず病人の体全体の体質改善を図り健康に導くということです。それはまさに、高木先生の信条である「病気を診ずして病人を診よ」につながるものだといえます。

濱　高木先生の大麦による脚気対策がきっかけとなりビタミンが発見されることになりましたが、いまは大麦の食物繊維にスポットライトが当たっています。したがって大麦の食材としての魅力をみなさんにお知らせするとともに、きちんと医学面からの大麦の効用というものをお伝えすべきだと考えました。読んで大麦を理解し、つくって美味しい料理で健康増進が図れる本、この本はそんなレシピ本になっていると思います。

桑野　なぜ慈恵大学病院が大麦を勧めるのか、大麦という食材は、それほどおいしい食材であり、健康効果の高い食材であるということを、みなさんにこの本を通して知っていただきたいですね。

濱　大麦は食べていると体の中からじわじわと健康効果を実感できます。便秘で悩まれている方は、おそらく一番最初にその効果を体感されると思いますよ。少しずつでも普段の食卓に取り入れていただいて、大麦を試されたどなたもが健康になっていただきたいと思います。そのお手伝いを、この本でできればいいですね。

桑野 和善
東京慈恵会医科大学
内科学講座
呼吸器内科 主任教授
附属病院栄養委員会
委員長

知ってる？　麦飯男爵・高木兼寛

「ビタミンの父」と称される高木兼寛
森鷗外との脚気(かっけ)論争に勝つ！

軍艦の乗組員に麦めしを食べさせ
脚気患者をほぼゼロに抑える

　脚気と聞いて思い出すのが、ひざ小僧の下を叩いて足がピョコンと跳ねるユニークな検査だと思います。最近ではすっかり見かけなくなった病気ですが、脚気はビタミンB1欠乏症の一種で、心不全と末梢神経障害が起こり、足がむくんだり、しびれを感じたりする症状が出ます。昔はこの病のために多くの方が亡くなり、江戸では「江戸患い」、関西では「大阪腫れ」と呼ばれるほど流行したのです。そして明治期まで、脚気はずっと、死に至る可能性のある原因不明の難病として社会問題になるほどでした。

　この病気の撲滅に多大な貢献をしたのが慈恵大学病院の創始者である高木兼寛です。英国留学の経験のあった高木は、英国では見られなかった脚気の原因が和食、とくに「白米」にあるのではないかと考えました。

　この説を証明するために、当時海軍の軍医であった高木は乗組員371名のうち約半数が脚気にかかり、25人の犠牲者を出した軍艦「龍驤(りゅうじょう)」の惨状に目をつけ、同じ条件で航海する軍艦「筑波(つくば)」である実験を行いました。船の乗組員には「白米」ではなく「米麦混合食(麦めし)」を出し続け、軍艦「龍驤」との違いを比べたのです。

　結果は軽い脚気患者がわずかに現れただけで、死者も容態の重い患者も全く出すことはなかったのです。高木はこの実験により、脚気が栄養面の問題で生じる病であると証明したのです。

脚気は細菌が原因と唱える森鷗外だが、
ビタミンの発見で高木兼寛に軍配が上がる

　ところが、ここにもう1人の医師が存在しました。陸軍の軍医である森林太郎、みなさんよくご存じの『舞姫』や『高瀬舟』『阿部一族』などを執筆した文豪、森鷗外です。森は白米主体の和食の優位性を実験研究から示し、高木の説を真っ向から否定して、脚気は細菌が原因と主張して譲りませんでした。

　その後、海軍は麦めし効果で脚気患者を順調になくすことに成功しています。ところが陸軍は麦めしを採用せず、結果的に多くの兵士を脚気で亡くすことになったのです。

　この脚気を巡る「栄養説」と「細菌説」に決着が付いたのは、1911年に鈴木梅太郎が米ぬかの中から脚気を予防する成分「オリザニン」(後にビタミンB1に帰属)を発見したときです。脚気の「栄養説」が正しかったことが証明され、高木は「ビタミンの父」と称されることになりました。

● 高木兼寛
日清・日露の両戦争で脚気患者をほとんど出さなかった海軍への功績が認められ、高木は男爵に叙せられた。

● 森鷗外
ビタミンB1発見後も、この世を去るまで脚気の細菌説を信じ続けた森。医師としてよりも、文豪として後の世に名を残す。
／国立国会図書館蔵

2章

10日間で健康体感！
大麦バランスメニュー

どんなに健康パワーで満ちあふれている大麦でも、
食事としていただくときには栄養のバランスが大切です。
慈恵大学病院で実際に患者さんに出されている
人気メニューと、大麦レシピを合体させた、
健康増進特別メニューを完成させました。
まずは10日間、じっくりお試しください。
あなたも大麦健康パワーをきっと体感することができます。

※大麦健康パワーは人によって体感の程度に差があります。

エビチリ

材料(1人分)
尾付えび……………………75g
- 下味用調味料
  - 卵………………… 2.5g
  - 塩………………… 0.2g
  - 白こしょう……………適量
  - 片栗粉……………… 5g
- サラダ油(揚げ油)………相当量
- チリソース用調味料
  - トマトケチャップ………28g
  - 砂糖………………… 1g
  - 酒…………………… 1g
  - 塩………………… 0.6g
  - 濃口しょうゆ……… 2.2g
  - とりガラスープ(顆粒)… 1g
  - 水…………………60g
- トウバンジャン………… 0.5g
- 長ねぎ……………………10g
- にんにく………………… 1g
- しょうが………………… 1g
- 片栗粉…………………… 0.8g
- ごま油…………………… 0.5g
- 酢………………………… 2g
- サラダ油(チリソース用)… 0.5g

カロリー 181kcal
塩分 2.4g

作り方

1 えびは下処理をし(下記参照)、下味用調味料を加え混ぜておく。チリソースの調味料を計量しておく。

2 ねぎは縦1/4、幅2mm程度の粗いみじん切りにする。にんにく、しょうがは1mm角のみじん切りにする。

3 サラダ油を熱し、にんにく、しょうが、トウバンジャン、ねぎ(1/2量)を入れて、香りが立つまで炒めておく

4 170～180℃程度に熱した油で、1のえびを30秒ほど揚げる(下処理をしっかり行っていないと、水分で油はねするので注意する)。

5 チリソース用の調味料を入れ、加熱する。4のエビを入れ、水溶き片栗粉でとろみをつける。とろみがついたら、火を止め、ねぎ(残りの1/2量)、酢、ごま油を入れ、混ぜる。

6 器に盛り付けて出来上がり。

Point えびの処理

1 尻尾を残し、丁寧に殻をむいていく。

4 見た目を良くするためと、水分による油はねを防止するために尻尾を切りそろえておく。

2 包丁を使用し、背の中心に縦に切り込みを入れる。

5 尻尾の先端を内側に差し込み、えびを丸める(出来上がりの見た目がきれいになる)。

3 2の切り込みの部分から、背ワタを取り除いていく(包丁や竹串などを使用すると取りやすい)。

ナムル

材料（1人分）
ほうれん草……………40g
大豆もやし……………30g
にんじん………………10g
● 調味液用
薄口しょうゆ…………　4g
とりガラスープ（顆粒）…3.5g
塩………………………0.4g
ごま油…………………0.5g
水………………………35g

カロリー	33kcal
塩分	1g

作り方

1. ほうれん草を多めのお湯（食材に対して2倍程度）でゆで、流水で冷やす（ゆですぎないように注意する）。粗熱がとれたら、水分を十分きり、5cm程度の長さに切る。

2. 大豆もやしも多めのお湯でゆでて、流水で粗熱をとり、ざるにあげておく。

3. にんじんは長さ4cm、幅2cm程度のうす切りにし、多めのお湯でゆでる。固さを確認し、ざるにあけておく。

4. 調味料を計量し調味液を作る。調味液を3等分にし、食材ごと別々に和えて味を馴染ませる。

5. 器に盛り付けて出来上がり。

わかめスープ

材料（1人分）
乾燥わかめ……………　0.5g
（生わかめ　……………　5g）
長ねぎ…………………　5g
白ゴマ…………………　0.1g
塩………………………　0.6g
とりガラスープ（液体）…　2g
とりガラスープ（顆粒）…0.3g
水………………………　110g

カロリー	3kcal
塩分	0.7g

作り方

1. 乾燥わかめは水で戻し、長いものは食べやすい大きさに切る（生わかめを使用する場合は、よく洗い、砂、塩を取り除く）。ねぎは幅2mm程度の輪切りにし、準備しておく。

2. 鍋に分量の水を入れを加熱する。市販のとりガラスープ（液体と顆粒）を入れる。

3. ねぎを加えてひと煮立ちさせ、その後、わかめと白ゴマを入れる。塩で味をととのえて出来上がり。

4. 具はわかめとねぎのみのシンプルなスープのため、わかめが入っていることが分かるように底が白い器に盛り付けることがポイント。

果物ともち麦の
ココナッツミルク
デザート

材料(1人分)
ココナッツミルク……………50g
牛乳………………………100g
砂糖………………………20g
もち麦………………………10g
果物………………………50g

カロリー	214kcal
塩分	0.1g

作り方

1 果物は食べやすい大きさに切り、もち麦をお湯で20分ほどゆで、流水でぬめりを取っておく。

2 鍋に果物以外の材料を入れ、沸騰直前まで温める。

3 2の粗熱を氷水をあてて冷やし、冷蔵庫に入れてさらに冷やす。

4 容器に3を入れて果物を飾る。温かくてもおいしく食べられる。その場合は果物ではなく、ゆで小豆などと合わせるとよい。

トータル栄養データ	
カロリー	787kcal
塩分	4.2g
たんぱく質	28.5g
脂質	12.8g
炭水化物	137g
食物繊維	6.0g

栄養部のおいしさ自慢！

大人気のエビチリと大麦の組み合わせが動脈硬化を防ぐ

柏病院 管理栄養士
黒川 香奈子さん

　入院患者さんに大人気のエビチリは、ケチャップの甘さとトウバンジャンの辛みが絶妙に混ざった中華のメニューです。材料は多いですが、事前にチリソースを合わせておけば、思いのほか簡単に作れます。

　えびは高タンパクで低脂肪、糖質ゼロのためダイエットに最適の食材です。えびの不飽和脂肪酸やタウリン、さらに大麦のβ-グルカンが血中コレステロールを抑え動脈硬化を予防してくれます。さらにえびには血液をサラサラにして動脈硬化、高血圧、認知症などを予防するDHA（ドコサヘキサエン酸）、心筋梗塞や脳血栓、脳梗塞などの血栓症などに予防効果があるEPA（エイコサペンタエン酸）も多く含まれています。

　ご家族の健康のために栄養成分に気遣い、さらに料理の盛りつけや彩りなどにも気を配り、食卓の雰囲気作りに心を尽くしていただけると、楽しい食卓で、おいしく料理をいただけると思います。

2日目 ボリュームたっぷりでもヘルシーな
満足かつ丼ランチ

カロリー Total
902kcal
塩分
3g

患者さんのイチ押しコメント

大好物のかつ丼を病院食で食べられるとは思いませんでした。
なめこのみそ汁、大麦の入ったきゅうりの酢の物も良かったですね。もっちりミルクプリン、これはいけます！

かつ丼

材料（1人分）

麦ごはん･････････････220g
● 豚かつ用
　豚肉･････････････････50g
　薄力粉････････････････3g
　卵････････････････････5g
　パン粉････････････････8g
卵･････････････････････50g
玉ねぎ･････････････････30g
みつば･･････････････････5g
サラダ油（揚げ油）････相当量
● 調味料
　濃口しょうゆ･･･････････7g
　砂糖･･････････････････5g
　みりん････････････････2g
　だし･････････････････70g

カロリー 699kcal
塩分 1.4g

作り方

1 玉ねぎは縦1/2、幅3mmのうす切り、みつばは幅1.5cmに切っておく。豚肉に小麦粉をまぶし、溶き卵にくぐらしパン粉をつけておく。

2 豚かつをきつね色に揚げ（温度は170～180℃）、しっかり油を切り、食べやすい大きさ（5等分くらい）に切っておく。

3 鍋に1人分の調味料を加熱し、玉ねぎを入れてひと煮立ちしたら、その上に2の豚かつを載せ、上から軽く溶いた卵を入れる。

4 最後にみつばを載せ、ふたをして卵が固まるまで加熱する。1人前の麦ごはんをどんぶりに盛り、3のかつとじを載せる。

酢のもの

材料（1人分）

きゅうり･･･････････････50g
塩（下処理）･･･････････0.4g
にんじん････････････････5g
押麦････････････････････3g
● 合わせ酢
　砂糖･････････････････1.8g
　塩･･････････････････0.1g
　濃口しょうゆ･･･････････0.2g
　酢････････････････････6g

カロリー 28kcal
塩分 0.4g

作り方

1 きゅうりは2mm幅の輪切りにし、塩（下処理の塩）で揉んで水分を出す。

2 にんじんは2mm幅のいちょう切りにしてゆでる。押麦は20分ゆでて軽く水洗いした後、水気をきる。

3 合わせ酢を作る。十分に水分をきった1のきゅうりと2の具材を合わせて、合わせ酢で和えて出来上がり。
※材料を変えても、美味しい酢のものに！

果物ともっちりミルクプリン

材料（1人分）
寒天……………………… 0.5g
水………………………… 50g
牛乳……………………… 100g
砂糖……………………… 15g
もち麦…………………… 7g
果物………………… お好みの量

カロリー 148kcal
塩分 0.1g

作り方

1. もち麦は柔らかめにゆでておき、牛乳と砂糖を加え、軽く湧く程度に煮る。

2. 鍋に定めた分量の水を入れ粉寒天を入れとかし、火にかけ沸騰させる。鍋に1のもち麦を加え混ぜる。

3. 粗熱を取り、冷蔵庫で冷やし固めたら出来上がり。

Point もっちりミルクプリンの作り方

寒天をきちんと煮溶かすことと、牛乳を火にかけた際にできる膜を取り除いておく。

Point
飾り切りひとつで幸せあふれる食卓に

　飾り切りは食卓のムードメーカーです。果物や野菜、惣菜などに包丁を少し入れるだけで、家族全員が笑顔になり食も進むことうけ合いです。
　忙しい毎日、手抜きになることや、同じメニューがついつい増えることもあるのでは？　そんな時に目先を変えるひと工夫として、果物の飾り切りを施せば、食卓の雰囲気が変わります。可愛い飾り切りを料理に添えると、それだけで会話もはずみ、食事をおいしくいただけます。
　飾り切りの本やビデオまで出ていますが、要はあなたの工夫次第。誰かを喜ばせたいという気持ちがあれば、素敵な飾り切りが出来上がるはずです。さっそく今夜、"食卓の味付け"として挑戦してみてください。

なめことねぎの味噌汁

材料(1人分)
- ゆでなめこ……… 20g
- 長ねぎ……………… 5g
- 赤みそ……………… 8g
- だし………………… 100g

カロリー	27kcal
塩分	1.1g

作り方

1. なめこは軽く水洗いして、ざるにあける。ねぎは2mm程度の輪切りにする。
2. 昆布の表面を固く絞った布などで拭いて汚れを取り、水から入れて火にかける。沸騰前に取り出し、かつお節を入れてひと煮たちしたらこす。
3. 2になめこを入れて、定めた分量のみそを溶く。最後にねぎを入れて出来上がり。

※みそを溶いた後で沸騰させるとアクが出るので、避けた方がよい。

トータル栄養データ	
カロリー	902kcal
塩分	3g
たんぱく質	33g
脂質	26.4g
炭水化物	129g
食物繊維	4.8g

栄養部のおいしさ自慢！

好物のかつ丼をしっかり食べても大麦など食物繊維がフォロー

柏病院 管理栄養士
田端 稔さん

　卵でとじる調理は素早く丁寧に仕上げ、盛り付けもきれいにすることが大切です。なめことねぎのみそ汁は、なめこを軽く水洗いするか、熱湯をかけてみましょう。ひと手間加えることでみそ汁と具材の一体感が増します。酢のもののきゅうりは、塩もみのあと十分に水気をきってから合わせ酢に合えることがポイントです。もっちりミルクプリンには麦を加えてみました。独特の食感を堪能してください。

　麦には、便通改善効果がある「不溶性食物繊維」と、血中コレステロール値の抑制作用や血糖値上昇抑制作用がある「水溶性食物繊維」がバランスよく含まれています。麦を豊富に使ったメニューをプラスして、効果を高めてみてはいかがでしょうか？

　料理には、調理した人の気持ちが表れます。やさしい気持ちで調理すれば味付けも不思議とやさしくなります。忙しいときには一呼吸おいてから調理するよう心がけましょう。

ヘルシー和定食

3日目 麦とろごはんに焼魚・煮もの・お浸しの理想献立

カロリー	Total
708kcal	
塩分	
3.1g	

患者さんのイチ押しコメント

辛いことがあっても、この夕食を食べると元気になります。おいしくいただきました、感謝。西京焼きのお魚はおいしかったです。がんもの煮物も大根に味がしみていて満足！

秋鮭の西京焼き

材料(1人分)
- 鮭‥‥‥‥‥‥‥‥‥‥ 120g
- 大葉‥‥‥‥‥‥‥‥‥‥ 1枚
- 塩‥‥‥‥‥‥‥‥‥‥ 1.2g
- ●西京味噌調合
  - 西京みそ‥‥‥‥‥‥‥ 8g
  - みりん‥‥‥‥‥‥‥‥ 1.5g
  - 水‥‥‥‥‥‥‥‥‥‥ 1.5g
  - 砂糖‥‥‥‥‥‥‥‥‥‥ 1g

カロリー 166kcal
塩分 0.6g

作り方

1 魚の切り身(120g相当)に対して約1%の振り塩をして一晩置く。
※塩を振ることで魚の余計な水分を抜き、臭みをとり、旨みを引き出す。一晩置く時間がない場合は魚の切り身に対して3%の振り塩をし20～30分程度置くことでも可。

2 魚の切り身に対して約10%の調合した西京みそを塗ってさらに一晩置く。

3 みそは洗い流さず、盛り付けるときに上になる面から焼く。みそを焦がさずに焼くのがポイント。網焼きは魚の余計な水分が抜けて、おいしく食べられる。網焼きの場合は網に薄く油を塗る。フライパンの場合フッ素加工のものを使用するか、アルミホイルやクッキングシートを使用すると焦げずに焼ける。

4 大葉を器に敷き、先に焼いた面を上にして盛り付ける。

青菜とにんじんのお浸し

材料(1人分)
- ほうれん草‥‥‥‥‥‥‥ 70g
- にんじん‥‥‥‥‥‥‥‥ 10g
- ●調味液
  - 濃口しょうゆ‥‥‥‥‥ 3g
  - だし‥‥‥‥‥‥‥‥‥ 20g

カロリー 21kcal
塩分 0.4g

作り方

1 にんじんを千切りにしてゆでる。

2 ほうれん草は5cm幅に切り、沸騰した多めのお湯にひとつまみの塩を入れ(分量外)、ほうれん草を入れる。再沸騰したら冷水にとる。すみやかに冷やすことで色鮮やかに仕上がる。

3 調味液を鍋で熱し、冷ましておく。

4 ゆでたほうれん草とにんじんを3の調味液で和え、浸してから盛り付ける。

カロリー	408kcal
塩分	0.9g

麦ごはん・とろろ

材料(1人分)

米･･････････････････70g
押麦･･････････････････30g
水･･････････････････158g
● とろろ
　やまいも･････････････70g
　青のり･････････････0.2g
　薄口しょうゆ･･･････････5g
　みそ･･････････････････1g
　だし･････････････････30g

作り方

1. 米と大麦の割合を7：3で計量して、米をとぐ。

2. といだ米を釜に移して押麦を加え、水を入れ1時間ほど浸水させる。通常の炊飯同様に炊き上げる。

3. やまいもの皮を卸金でおろしやすいようにむく。そのときに滑り止めとして上部の皮は残す。滑りやすい食材なので、ピーラーを使うと安全。

4. 皮をむいたやまいもを卸金でおろし、調味液とおろしたやまいもを混ぜる。時間をおいて食べる場合は、分離を防ぐためにしっかりと混ぜること。

5. 麦ごはんを茶碗にこんもりとよそう。とろろは、軽くかき混ぜながら盛り付けることで分離が防げる。器に盛り付けた後、青のりを散らす。

ごはんにゆで麦を加えて混ぜれば、簡単に麦ごはんになる。

がんもの煮物

材料(1人分)
がんもどき……………………32g
大根……………………………80g
にんじん………………………10g

● 調味料
濃口しょうゆ……………… 7g
砂糖………………………… 3.5g
だし………………………… 70g
しょうが…………………… 0.5g

カロリー	113kcal
塩分	1.2g

作り方

1. 大根、にんじんの皮をむき、大根は半月切りまたは乱切りにし、にんじんは花型切りにする。

2. 水から大根を入れ、竹串がスッと通る程度に下ゆでする。

3. がんもどきを鍋に入れ、調味料を加えて火を通してから鍋から取り出す。残った煮汁で大根、にんじんを煮る。

4. 大根、にんじんが煮えたら、ふたたびがんもどきを入れて煮る。食材に味を含ませるために、一旦火を止め、煮含める。
※煮物は、料理の温度が下がる時に、食材に味が染みてくる。

5. 盛り付け前に再加熱する。大根を枕にがんもどきが真ん中になるように置き、最後に花にんじんを飾る。写真のように盛り付けることで綺麗に見える。

トータル栄養データ

カロリー	708kcal
塩分	3.1g
たんぱく質	42.7g
脂質	12.2g
炭水化物	140g
食物繊維	7.7g

栄養部のおいしさ自慢!

**大麦ととろろは黄金コンビ
2つの健康食材で相乗効果も**

第三病院 調理師
松尾 健太郎さん

　麦ごはんにとろろという組み合わせは"黄金のコンビ"といっていいでしょう。食欲が落ちたときに食べやすい麦とろごはんは、ほっと一息つかせ、食欲を回復してくれます。

　食物繊維を豊富に含む大麦を加えた麦ごはんは、糖の吸収をゆっくりにして食後高血糖を防いでくれます。これにとろろを加えれば、難消化性でんぷんとネバネバ成分などの働きで、消化吸収はさらに緩やかになります。高血糖が気になる方にもやさしい食事です。

　第三病院では、麦ごはんに合うとろろを使用した献立を毎月1日、21日に外来食堂でも提供しています。健康を気遣う方はお家でも麦とろごはんをお試しください。手軽にいただけることが魅力です。

　やまいもにはヒアルロン酸同様の保水効果があるので肌に艶とハリが欲しい方にもオススメです。

サクサク天ぷら献立

4日目 人気の天ぷらも軽く仕上げて

患者さんのイチ押しコメント

茶碗蒸しの蒸し加減、具の選び方、具の量など何もかも完璧でした！ぜひ作り方を教えてください。天ぷらのサクサクした食感が食べる楽しさを教えてくれますね。

カロリー Total
986kcal
塩分
3.1g

天ぷら

カロリー　272kcal
塩分　0.8g

材料(1人分)
- えび………………………20g
- ピーマン…………………10g
- さつまいも………………30g
- ● 衣用
  - 薄力粉……………………20g
  - 卵…………………………5g
  - 水…………………………40g
- サラダ油(揚げ油)………相当量
- ● 天つゆ
  - 濃口しょうゆ……………5g
  - みりん……………………5g
  - だし………………………30g
- 大根………………………30g
- しょうが…………………3g

作り方
1. えびの尾先を切り落とす。尾を残して殻をむき、背ワタを取っておく。
2. 水と卵を入れ良くかき混ぜる。薄力粉を入れたあとは、混ぜすぎないようにさっくりと混ぜ合わせる。
3. 鍋に油を入れて180℃に熱し、食材に分量外の薄力粉を付け、2にくぐらせて油で揚げる。一度にたくさん入れると、油の温度が下がりすぎて衣がべたつくので注意すること。
4. 懐紙を敷いた器に揚げた天ぷらを盛り付ける。天つゆを作り、大根おろしとおろししょうがを添える。

おろし麦入りつくねの煮物

カロリー　178kcal
塩分　1.3g

材料(1人分)
- 鶏ひき肉…………………60g
- ゆで大麦…………………15g
- しょうが・長ねぎ………少量
- にんじん…………………30g
- インゲン…………………30g
- 長ねぎ(臭み抜き用)……33g
- 濃口しょうゆ……………6.5g
- 薄口しょうゆ……………1g
- 砂糖………………………3g
- みりん……………………1g
- だし………………………80g

作り方
1. 鶏ひき肉、きざみねぎ・しょうがとゆで大麦を混ぜ合わせ、肉団子を作る。
2. にんじんは好みの大きさに切り下ゆでをしておく。インゲンは火を通しすぎないように塩ゆでする。
3. 肉団子は湯通しして臭みをとり鍋に入れる。にんじんも加え、調味料を入れて煮る。
4. 煮汁が染み込んだら火を止め、ゆでておいたインゲンと合わせて盛り付ける。

茶碗蒸し

材料(1人分)
卵……… 33g(L玉1/2個相当)
かまぼこ……………………10g
ぎんなん…………………… 5g
みつば……………………… 1g
塩………………………… 0.7g
薄口しょうゆ…………… 0.5g
だし……………………… 100g

カロリー	75kcal
塩分	0.9g

作り方

1. 風味豊かで美味しい茶碗蒸しを作るには、最初のだし作りが大切。下記の要領でだしを取る。だしに塩・薄口しょうゆを入れ、ひと煮立ちさせたら冷ます。

2. 卵を溶いて、だしと合わせて混ぜる。こすと蒸し上がりが滑らかになる。

3. 器に具材を入れる。次に2で作成した卵液を器に注ぐ。このときに、泡立たないように静かに入れること。

4. 蒸し器に蓋をした茶碗を入れる。中火にかけ、湯気が立ってきたら弱火にして約10分ほど蒸す。火を止めてから5分ほど蒸らす。

5. 火が強いと「す」が立つので、湯が沸いたら弱火にすることがポイント。

Point　かつおだしのとり方

1. 市販のかつお節パックを使用するので、パッケージの記載通りの作成方法でだしをとる。※写真は、沸騰した湯5ℓに対して、かつお節パックを1袋入れ、弱火〜中火にかける。※最初のかつお節パックはうまみのベース。

2. 5分したら、かつお節パックを取り出す。

3. だし用の削り節を入れる。※追い削り節は風味のベース。使用するかつお節は多めがよい。

4. ひと煮立ちさせたあと火を止め、かつお節が沈むのを待つ。※かつお節は、煮立たせすぎると臭みがでるので注意。

5. 別の容器でだしをこす。このときに目の細かいざるを用いると削りかすが入らない。ガーゼでも可。

6. しっかりと旨味の効いただしが完成。

麦こがしゼリー

材料（1人分）
- アガー（粉寒天）……… 1g
- 麦こがし……………… 2g
- 砂糖…………………… 10g
- 水……………………… 40g
- 牛乳…………………… 40g
- 生クリーム…………… 5g
- 麦チョコ……………… 2g

カロリー	105kcal
塩分	0.1g

作り方

1 ボウルに砂糖とアガー（粉寒天）を混ぜ合わせておく。アガーは加熱の最中にダマになると溶けにくい。

2 鍋に麦こがしを入れ、ダマにならないようにかき混ぜながら水、牛乳を少しずつ加えていく（ダマになると食感が悪く仕上がる）。

3 2の鍋に1の砂糖とアガーを混ぜ合わせたものを入れ、中火にかける。

4 1分程度加熱したら、容器に入れて冷蔵庫で冷やす。アガーは固まりはじめるのがゼラチンに比べて早いので、速やかに容器に移す。容器に移している間に固まってきたら、再加熱して溶かしてから再度容器に入れる。

5 完全に固まったら冷蔵庫から出す。中心にホイップクリームを絞り、アクセントに麦チョコを一粒飾る。

トータル栄養データ

カロリー	986kcal
塩分	3.1g
たんぱく質	37.3g
脂質	27.1g
炭水化物	141g
食物繊維	5.7g

栄養部のおいしさ自慢！

サクサク天ぷらとまったり茶碗蒸しは良い組み合わせ

柏病院 管理栄養士
鈴木 章弘さん

　茶碗蒸しはだしが決め手です。一からだしを取り、風味を最大限活かしました。卵とだしの割合を1：3にすることで、風味豊かで柔らかい食感に仕上がります。

　蒸す温度を80度に調整することで、卵に「す」が入ることなく、見た目もきれいに仕上がります。味付けは薄味の方がおいしいと感じます。汁物に比べて塩分量が半分程度ですので、高血圧や心疾患など、塩分を気にされる方にオススメです。

　茶碗蒸しは具を変えることで様々な味に変化します。また、具を入れない茶碗蒸しも胃腸にやさしく、入れ歯が合わない方や食欲が落ちている方にも安心して提供できます。

　野菜不足を感じる方は、大麦を積極的に摂りましょう。冷凍ストックの麦を料理に加えたり、麦こがしを使って簡単にデザートを作ったりして食物繊維不足をカバーしましょう。

5日目 慈恵大学病院の原点・高木兼寛の海軍カレー
絶品！麦飯カレーライス

カロリー Total
891kcal
塩分
2.4g

患者さんの イチ押しコメント
野菜中心のわりには甘すぎずコクのあるおいしいカレーでした。カレーは大好きなので全部食べちゃいました。40歳越えてカレーが大好きというのは変ですかね？

カレーライス

材料（1人分）

豚ローススライス	50g
じゃがいも	50g
玉ねぎ	50g
にんじん	25g
カレールー（市販品）	20g
麦ごはん	220g

カロリー 618kcal
塩分 2g

作り方

1. 油をひかずに豚肉を炒め、肉の赤い部分がなくなったら、別の容器に移しておく。
※豚肉の脂で肉を炒めるが、鍋に肉がつく場合は、少量の水を入れるとよい。

2. 1の肉から出た脂を利用して玉ねぎを炒める。

3. 玉ねぎの表面が透明になってきたらにんじんを加え、さらに5分程度炒める。

4. 3にじゃがいもを加えて炒める。

5. 4に使用するカレールーに記載された規定量の水を入れて煮る。丁寧にアクを取り除く。

6. 食材に火が通ったら、1の豚肉を鍋に入れる。

7. 沸騰したら一度火止めて、カレールーを入れる。
※ルーは数種類使うとさらにおいしくなります。

8. 弱火で煮込み、カレールーが溶けて全体に馴染んだら完成。皿の半分に麦ごはんをよそう。ご飯の端にカレーがかかるように盛り付け、香の物を添える。

2章 ● 大麦バランスメニュー

麦パフェ

材料(1人分)
- 果物……………………20g
- 生クリーム……………10g
- 砂糖……………………2g
- いちご…………………10g
- 麦チョコ………………20g
- 麦こがしシフォンケーキ…20g

※シフォンケーキの作り方は、下記「麦パフェ用シフォンケーキの作り方」をご参照ください。

カロリー 216kcal
塩分 0.1g

作り方

1. シフォンケーキは一口大の大きさに切る。果物は、シフォンケーキに合わせて、食べやすいように切る。

2. ボウルに生クリームと砂糖を入れてホイッパーでよく混ぜ、クリームがもったりして、持ち上げたときにゆっくりと垂れ落ちるくらいになったら、一旦手を止める。混ぜすぎないように注意してきめを整える。

3. 器の下に麦チョコを敷いて土台にする。その上にシフォンケーキ、果物を盛り付ける。

4. 仕上げに2の生クリームを中央に絞り、切ったいちごを飾る。

麦パフェ用シフォンケーキの作り方

麦こがしシフォンケーキ

材料(17cmのシフォン型)
- 卵………………………3個
- 薄力粉…………………50g
- 麦こがし………………15g
- 水………………………50g
- 油………………………40g
- 砂糖……………………50g
- 片栗粉…………………5g

カロリー 1046kcal
塩分 0.6g

作り方

1. 卵黄と卵白を分けておく。薄力粉と麦こがしを合わせてふるっておく。砂糖と片栗粉を混ぜておく。

2. 卵黄のボウルに油、水を入れ泡立て器で泡立てる。薄力粉、麦こがしを入れ粘りが出るまで混ぜる。泡立てた卵白に砂糖と片栗粉を混ぜたものを加え、メレンゲを作る。

3. 卵黄の生地とメレンゲを混ぜ合わせたら、生地をシフォン型に入れて160℃のオーブンで30分焼く。

4. 焼き上がったらオーブンから出し、直ぐに裏返す。冷めたことを確認して型から外す。

生野菜サラダ

材料(1人分)
- レタス……………………50g
- キャベツ…………………30g
- きゅうり…………………10g
- ラディッシュ……………10g
- フレンチドレッシング……10g

カロリー	57kcal
塩分	0.3g

作り方

1. レタスは水で洗って手でざっくりと食べやすい大きさにちぎる。キャベツは千切りにする。きゅうりとラディッシュは、それぞれ薄切りにする。

2. キャベツときゅうり、ラディッシュを和える(水を入れた器で和えると混ぜやすい)。

3. 器の底にレタスを敷き、キャベツ、きゅうり、ラディッシュを中央に盛る。

4. ドレッシングをかけて完成。簡単なサラダも、写真のようにドレッシングを散らしてかけると栄える。

トータル栄養データ

カロリー	891kcal
塩分	2.4g
たんぱく質	23g
脂質	30.5g
炭水化物	176g
食物繊維	8.4g

栄養部のおいしさ自慢!

麦をたくさん使った料理でおいしくいただき健康増進!

本院 調理師
石戸 謙治さん

　カレーライスは高カロリーになりがちなため、カロリー控えめの市販ルーを使用するなどの工夫が必要です。カロリーを抑えるポイントは、余分な油を使わないことです。素材を均一に柔らかく煮込み、旨みを引き出せば、文句なしのおいしいカレーが出来上がります。

　また、カレールーは1種類より2種類使うと味に深みが出ます。カレーと麦ごはんの相性については、慈恵大学病院が明治時代から作り続けて確認済みですので、ぜひお試しください!

　麦こがしを使ったシフォンケーキも意外と簡単につくることができます。ケーキといえば、カロリー、コレステロールが気になるところ。ここで、スポンジに麦こがしを使用することで、血糖値の上昇を和らげ、コレステロールの吸収も緩やかにしてくれます。麦飯カレーと麦パフェのシフォンケーキで健康増進といきましょう!

麦こがしバーガーセット

6日目　家族みんなが笑顔！　麦こがしのバンズが香り高い

Total
カロリー 661kcal
塩分 2.1g

患者さんのイチ押しコメント
野菜のトマト煮がとてもおいしいです。今日で退院ですが食事に気を付けるという点で勉強になりました。大麦も積極的に取り入れ、食生活に気を付けます。

麦こがしバーガー

材料(1人分)
- バンズ
  - 強力粉⋯⋯⋯⋯⋯⋯40g
  - 薄力粉⋯⋯⋯⋯⋯⋯10g
  - 麦こがし⋯⋯⋯⋯⋯6g
  - 砂糖⋯⋯⋯⋯⋯⋯⋯3g
  - 塩⋯⋯⋯⋯⋯⋯⋯⋯1g
  - 卵⋯⋯⋯⋯⋯⋯⋯⋯10g
  - バター⋯⋯⋯⋯⋯⋯4g
  - 白ごま⋯⋯⋯⋯⋯⋯適量
  - ドライイースト⋯⋯1g
- ロースハム⋯⋯⋯⋯⋯20g
- 玉ねぎ⋯⋯⋯⋯⋯⋯⋯10g
- きゅうり⋯⋯⋯⋯⋯⋯20g
- レタス⋯⋯⋯⋯⋯⋯⋯20g
- トマト⋯⋯⋯⋯⋯⋯⋯20g

※バンズの代わりに市販の胚芽パンでも代用可。

カロリー 325kcal
塩分 1.5g

作り方

1 バンズの作り方
①白ごまと卵半分量以外のバンズの材料をボウルで合わせ、まとまったらなめらかになるまでこねてラップで包み1次発酵する。②電子レンジ200Wまたは解凍モードで30秒かけて30分ほど常温で放置する。③生地をつぶして空気を抜き、丸めて霧を吹き、20分ほど2次発酵する。
④生地が膨らんだら残りの卵を塗り、白ごまを付けて200℃のオーブンで15分ほど焼く。

2 玉ねぎ・トマトは輪切りにし、きゅうりは斜めにうす切りにする。レタスは食べやすい大きさにちぎる。バンズは横半分に切る。

3 バンズの間に、野菜とロースハムを挟んで出来上がり。

野菜のトマト煮

カロリー 99kcal
塩分 0.6g

材料(1人分)
- 玉ねぎ⋯⋯⋯⋯⋯⋯⋯50g
- ズッキーニ⋯⋯⋯⋯⋯30g
- なす⋯⋯⋯⋯⋯⋯⋯⋯30g
- パプリカ(赤)⋯⋯⋯⋯10g
- パプリカ(黄)⋯⋯⋯⋯10g
- 豚ベーコン⋯⋯⋯⋯⋯10g
- トマト&バジルのベースソース(市販)⋯⋯⋯⋯⋯⋯30g
- 塩⋯⋯⋯⋯⋯⋯⋯⋯0.3g
- こしょう⋯⋯⋯⋯⋯⋯適量

作り方

1 野菜は2cm程度の角切りに大きさを揃える。ベーコンは1cm幅の短冊切りにする。

2 鍋でベーコン、玉ねぎの順に炒める。玉ねぎの表面が透明になってきたら、残りの野菜を鍋に入れて炒める。

3 トマト&バジルのベースソースを加え、弱火で野菜に火が通るまで煮込む。塩、こしょうで味を調えて一煮立ちさせる。

4 器に盛り付けて完成。野菜は冷凍のグリル野菜を活用すると時間短縮にもなり、朝の忙しい時間でも調理可能。

カロリー	167kcal
塩分	0g

ビスケット

材料(1人分・3個)

卵･･････････････････1/2個
薄力粉･･････････････200g
麦こがし････････････15g
無塩バター･･････････90g
粉糖････････････････40g

作り方

1　薄力粉はふるっておく。バターは常温にもどし混ぜやすい状態にする。

2　バターに粉糖を入れ混ぜる。

3　卵を入れ混ぜる。

4　麦こがしを入れ混ぜる。

5　ふるった薄力粉を加えてさっくりと混ぜる。

6　全体を良くこねる。

7　手のひらで丸め、形を作る。

8　大きな丸と小さい丸を組み合わせ、竹串で目を形づくる。170℃のオーブンで12分焼く。

手作りジンジャーエール

材料（1人分）
- しょうが……………………15g
- 砂糖……15g（しょうがと同量）
- 水……………………………20g
- 炭酸水………………………150g
- レモン汁……………………5g
- ● トッピング
- レモンスライス……………適量
- ミント………………………適量

カロリー 70kcal
塩分 0g

作り方

1 しょうがの皮をむき、薄くスライスする。鍋に移した後、砂糖を入れて1時間程度置く。

2 水を加えて火にかける。沸騰してきたらアクを取り除き、10分程度弱火で煮る。火を止め、レモン汁をかけてこす。

3 グラスに氷、2のこしたしょうが汁、炭酸を注いでさっと混ぜる。スライスレモン、ミントを飾る。

Point しょうが汁は砂糖を入れずにまとめて作り置きしておくと、応用が利く。このときしょうがと同量の水で濃いめにすることがポイント。市販のサイダーと混ぜるだけで簡単にジンジャーエールが出来る。

トータル栄養データ

カロリー	661kcal
塩分	2.1g
たんぱく質	16.3g
脂質	22.7g
炭水化物	98g
食物繊維	7.9g

栄養部のおいしさ自慢！

野菜の煮込みに大麦を入れてもOK 麦こがしのパンも絶品！

葛飾医療センター 管理栄養士
髙橋 徳伴さん

　このメニューの人気料理は野菜のトマト煮です。朝食のパンに合う温かい野菜の煮込み料理として生まれたレシピです。時間が惜しい朝でも、市販のベースソースを使えば、意外と簡単に出来ますので、ぜひご家庭で作ってみてください。

　野菜にトマトソースが馴染み、少し酸味の効いた味に仕上がります。野菜のカット時間を省くために、冷凍のグリル野菜をストックすれば手間いらずです。温かい野菜を朝からいただけば快調な1日が始まります。

　朝食ばかりでなく、おしゃれなランチの一品として、また、ディナーでは「ラタトゥイユ」と名前を変えて出せば、食卓に華を添えます。

　野菜のトマト煮とパンでは、ボリューム感がないと感じる場合は、麦こがしを使った自家製パンがオススメです。野菜のトマト煮に大麦をプラスすればより健康メニューになります。カロリーが抑えられて、ダイエット効果も期待できますね。

7日目 ボリュームもコクもある味わい
とろみかき玉うどん献立

カロリー Total
707kcal
塩分
5.9g

**患者さんの
イチ押しコメント**

こしのある讃岐うどんを使ったかき玉うどんは実においしいです。豚肉、長ねぎを卵でとじ、だしの効いた関東風の味付けは文句の付けようがありません。

かき玉うどん

材料（1人分）
- うどん……………………1玉分（ゆで上がり240g）
- 豚ロース…………………50g
- 卵…………………………30g
- 長ねぎ……………………40g
- 市販のめんつゆ…………1食分
- だし………………………150g

カロリー 462kcal
塩分 5.1g

作り方

鍋にだしと豚肉を入れ、火にかける。
※だしが温まる前に肉を入れるとアクが出にくい。

1を沸騰させないでねぎを入れる。

2に市販のめんつゆを加える。

3を沸騰させずに水溶き片栗粉を入れる。
※水溶き片栗粉は少しずつ入れるとダマになるのを防げる。

4を沸騰させずに、ゆっくりとかき混ぜながら溶き卵を加える。
※卵の前に片栗粉を入れることで、卵が散らばらずにきれいに作れる。

とろみのついたかき玉汁が完成。丼にゆでたうどんを入れ、かき玉汁をかけて完成。
※とろみの強弱は片栗粉を入れる量で加減できる。

なすの青じそ和え

材料(1人分)
なす·················60g
押麦·················10g
大葉·················1枚
濃口しょうゆ··········3g
だし·················5g

カロリー 50kcal
塩分 0.5g

作り方

1. 鍋で水を沸かす。なすはへたを取って縦に半分に切り、幅5㎜程度のななめ切りにする。切ったなすを速やかに沸騰した湯に入れ、芯が残る程度にゆでる。ざるに空け、粗熱を取る。

2. 鍋に水と押麦を入れ火にかける。20分ゆでたらざるに移して水気を切る。

3. 大葉は縦に半分に切って千切りにする。

4. 下処理した食材(なす、押麦、大葉)をボウルに入れる。しょうゆ、だしを加えて和えたら、器に盛り付ける。

ツナサラダ

材料(1人分)
ツナ缶···············30g
レタス···············50g
カリフラワー··········30g
キャベツ·············20g
きゅうり·············10g

カロリー 101kcal
塩分 0.3g

作り方

1. レタスは洗って手でざっくりとちぎる。キャベツときゅうりはそれぞれ千切りにする。カリフラワーは株から切り分け、沸騰した湯で芯が残る程度にゆでてざるに移し、粗熱を取る。

2. キャベツときゅうりを和える。水を入れた器で和えると混ぜやすい。器にレタスを敷き、キャベツ、きゅうりを真ん中に盛る。上にカリフラワー、横にほぐしたツナを盛る。

麦入りドレッシングの作り方
好みのドレッシング(市販でもよい)にゆでた押麦またはもち麦を加えて完成。
①サウザンドレッシング＋押麦 ②コールスロードレッシング＋押麦 ③ノンオイル青じそドレッシング＋もち麦 ④イタリアンドレッシング＋もち麦

麦こがしもち

材料（1人分）
- わらびもち粉……………10g
- 麦こがし………………… 5g
- 砂糖………………………10g
- 水…………………………50g

カロリー	94kcal
塩分	0g

作り方

1. 鍋にわらびもち粉、砂糖、麦こがしを入れ、徐々に水を加えてダマにならないようによく混ぜる。

2. 鍋を火にかけてひたすら混ぜる。最初は強火でしっかりと煮立たせ、粘りが出てきたら弱火にする。

3. 透明感がでるまでひたすら混ぜる。半透明になったら、バットに移して冷ます。

4. 食べやすい大きさにカットし、麦こがしをまぶす。重なるように器に盛り付ける。

トータル栄養データ

カロリー	707kcal
塩分	5.9g
たんぱく質	34.2g
脂質	18.2g
炭水化物	99g
食物繊維	7.9g

栄養部のおいしさ自慢！

血糖値を上げやすいうどんも大麦を使った一品があれば安心

本院 管理栄養士
小川 篤美さん

　ごはん食がメインの病院食の中では麺類のメニューも大人気です。かき玉うどんは卵が麺によく絡むように片栗粉を使いとろみをつけています。このとろみのおかげで、寒い日も冷めにくくおいしくいただけます。また、豚肉を入れることで、だしの旨みが増し、ひと手間加わったような深い味わいが楽しめます。

　麺類が好きな方にはこのボリューム感が嬉しいでしょう。とても食べやすいので、お好みでうどんをそばに変えてもいいでしょう。体を温めたい方はおろししょうがを加えると効果増大です。

　また、うどんは血糖値を上昇させやすいため、麦の働きによって血糖上昇を抑えることができます。

　病院での食事は入院患者さんの楽しみでもあります。その楽しみを裏切らないように、美味しく召し上がっていただき、いつも患者さんの健康回復のお手伝いができるように願っています。

8日目 牛肉のうま味は豆腐にしっかりと
ちょっと贅沢すき焼き献立

Total	
カロリー	**1077kcal**
塩分	**3.2g**

患者さんのイチ押しコメント

すき焼きが薄めの味付けになっているのに、とてもおいしくいただけました。作ってくださった方の気配りを感じます。大麦レシピとの取り合わせに感心しました！

すき焼き

材料（1人分）
- 牛肩ロース脂無スライス……………35g
- 牛もも赤身スライス………………35g
- 白菜……………60g
- 焼き豆腐……………65g
- しらたき……………40g
- 長ねぎ……………30g
- 春菊……………30g
- にんじん……………10g
- ● 割り下
  - 濃口しょうゆ……………18g
  - 砂糖……………8g
  - みりん……………1g
  - 酒……………0.9g
  - 水……………90g

カロリー	352kcal
塩分	2.8g

作り方

1. 濃口しょうゆ、砂糖、みりん、酒を合わせてひと煮立ちさせて割り下を用意する。
にんじんを下ゆでする。根菜類は下ゆでをすると味が染み込みやすくなる。

2. 春菊は鍋にお湯を沸かし、塩（分量外）を加えて、茎を先にいれ、葉は後から入れて時間差でゆでると良い。
ゆですぎると春菊の色が悪くなるので注意すること。
下ゆでした春菊に割り下を合わせておく。

3. しらたきは匂いやアクを取るため湯通しする（軽く水洗いして食べやすい大きさに切る。鍋に湯を沸かし中火で1～2分ゆでる）。ゆでたら割り下を合わせておく。

4. 肉を割り下に入れ、しっかりとアクを取り除く。

5. 野菜を割り下に入れて煮る。

6. 野菜を煮た調味液で豆腐を煮込む。最後に各々の食材を盛り合わせて完成。

Point 盛りつけのポイント

存在感のある豆腐を中心に置き、ほかの食材で囲むように盛り付ける。肉としらたきは離すように盛り付ける。これはこんにゃくを作る際に使用する石灰にカルシウムが含まれており、肉と一緒に煮ると肉が固くなりやすいため。このレシピは肉を別に煮ているので、肉としらたきを隣に盛り付けても影響はないが、一緒に煮込むときは、この二つは離すほうが適切。

なすの生姜しょうゆ和え

材料（1人分）
- なす……………………60g
- もち麦…………………10g
- しょうが………………2g
- 濃口しょうゆ…………3g
- ごま油…………………1g
- 飾り用しょうが………2g

カロリー	60kcal
塩分	0.4g

作り方

1. なすはへたを取り、縦に半分に切ったら幅10mm程度の斜め切りにする。切ったなすを速やかに沸騰した湯に入れる。芯が残る程度にゆでたらざるにあけ、粗熱を取る。

2. 鍋に水ともち麦を入れて火にかける。20分ゆでたらざるに移す。

3. しょうがは皮をむき、卸金でおろす。飾り用しょうがは5cm程度の千切りにする。

4. 下処理したなす、もち麦、おろししょうがをボウルに入れ、濃口しょうゆとごま油を加えて和える。

5. 4を器に盛り付け、飾り用しょうがを上に載せる。

麦入りさつま揚げ

材料（1人分）
- ●衣用
  - 押麦……………………10g
  - 薄力粉…………………15g
  - 卵………………………2.5g
  - 水………………………30g
- さつまいも……………80g
- 薄力粉…………………適量
- 揚げ油…………………相当量

カロリー	309kcal
塩分	0g

作り方

1. さつまいもは拍子切りにする。鍋に水と押麦を入れ火にかけ、20分ゆでたらざるに移す。

2. ボウルに水と卵を入れて良くかき混ぜ、薄力粉を入れさっくりと混ぜ合わせたら、ゆでた押麦を加え衣の用意をする。

3. 鍋に油を入れ180℃に熱する。さつまいもに薄力粉を付け、衣にくぐらせて油で揚げる。その際に押麦がしっかりと衣につくようにする。

4. 揚げはじめは油の中に気泡が多くみられるが、気泡がなくなり、食材が浮いてきたら火が通ったサイン。一度にたくさん入れると、油の温度が下がりすぎてしまい、べたっとした衣になってしまうので注意。

麦こがしアイス

材料（1人分）
市販のバニラアイス…… 100g
麦こがし…………………… 5g

| カロリー | 200kcal |
| 塩分 | 0.3g |

作り方

1. 市販のバニラアイスを常温に少しおいてやわらかくし、麦こがしを混ぜる。

2. 再び冷凍庫で冷やし、固まったらディッシャーか大きめのスプーンで器に盛り付ける。

Point 麦こがしアイスの作り方

好みの量の麦こがしを入れてよく混ぜる。

トータル栄養データ

カロリー	1077kcal
塩分	3.2g
たんぱく質	30.6g
脂質	36.6g
炭水化物	151g
食物繊維	10.3g

※アイスは除く。

栄養部のおいしさ自慢！

すき焼きのコレステロールも大麦の食物繊維が吸収抑制！

本院 調理師
篠田 良行さん

　すき焼きは"ご馳走"という感覚があるため、祝い事や記念日などのちょっとしたイベントで食べることも多いのではないでしょうか。

　来客向けにお出しするときには煮汁を作って同じ煮汁で順番に肉、野菜、豆腐と煮上げて盛り付けをきれいにします。これでまるで専門店のすき焼きのように、おいしく仕上がります。

　すき焼きは、脂肪の多い部位と少ない部位を合わせて作ることで脂の摂取を抑えられます。コレステロールが気になる方は、こんな調理法も1度お試しください。

　コレステロールが多い食品には大麦が活躍します。余分な脂が体内に取り込まれないように、大麦の水溶性食物繊維であるβ-グルカンが一役買っています。すき焼きには大麦料理を一品加えましょう。

　私の調理に対するモットーは気配りです。鮮やかな色を添えるにんじんに思いを込めました。

チキンの香草焼き

カロリー 239kcal
塩分 0.6g

材料（1人分）
皮付き鶏もも肉……… 100g
● 鶏肉の調味液
  - セロリ………………… 5g
  - 玉ねぎ………………… 5g
  - にんじん……………… 5g
  - 塩……………………… 0.4g
  - バジル………………… 適量
  - オレガノ……………… 適量
  - こしょう……………… 適量
  - オリーブ油…………… 2g
  - しょうゆ……………… 3g
  - みりん………………… 1g
  - 白ワイン……………… 5g
  - 砂糖…………………… 0.5g
パプリカ（赤）………… 10g
パプリカ（黄）………… 10g
塩………………………… 0.1g
オリーブ油……………… 1g

作り方

1 調味液用のセロリ、玉ねぎ、にんじんは幅5mmのうす切りにする。付け合わせにするパプリカ（赤・黄）は幅1cmの短冊切りにする。

2 皮付き鶏もも肉を鶏肉の調味液でもみ込み1時間ほど漬け込む。

3 パプリカ（赤・黄）は塩とオリーブ油でさっと炒める。バーナーであぶるか、高温のオーブンで焼き目を付ける。

4 皮付き鶏肉を皮面を上にして、オーブンで焼く。皮をパリッとさせるには、フライパンよりオーブンが適切。

えびピラフ

カロリー 446cal
塩分 2.1g

材料（1人分）
● ピラフの材料と調味料
  - 米……………………… 70g
  - 押麦…………………… 30g
  - 冷凍むきえび………… 25g
  - コンソメ……………… 0.6g
  - 塩……………………… 1.6g
  - バター………………… 1g
  - こしょう……………… 適量
玉ねぎ…………………… 30g
サラダ油………………… 2g
ピーマン………………… 8g
スイートコーン………… 7g

作り方

1 玉ねぎ、ピーマンをスイートコーンと同じくらいの7mm角に切る。こうすることで出来上がりが綺麗に見える。

2 玉ねぎは焦げないようにサラダ油で弱火で炒め、しんなりしてきたら火を止める。

3 通常の炊飯より10%程度水分を少なくして炊飯準備をする。これにピラフの材料と調味料を入れて炊く。

4 ピラフが炊けたら、玉ねぎ、ピーマン、スイートコーン、を混ぜて出来上がり。

かぼちゃサラダ

材料(1人分)
かぼちゃ	80g
玉ねぎ	5g
レタス	20g
マヨネーズ	10g
生クリーム	2g
塩	0.5g

カロリー 159kcal
塩分 0.7g

作り方

1 玉ねぎはみじん切りにして水にさらす。時期によって辛みのある場合さっと湯通しして冷ましておく。レタスは食べやすい大きさにちぎる。

2 かぼちゃは1個10g程度の食べやすい大きさに切り、蒸して冷ましておく。

3 玉ねぎの水気を十分にきったら、マヨネーズと生クリームを加えて混ぜる。塩を加えながら味を調える。

4 器の底にレタスを敷く。その上にかぼちゃをつぶさないよう優しく盛り付ける。かぼちゃの上に3のソースをかける。

コンソメスープ

材料(1人分)
玉ねぎ	10g
にんじん	5g
コンソメ	1.3g
塩	0.3g
水	110g
ドライパセリ	適量

カロリー 9kcal
塩分 0.9g

作り方

1 玉ねぎは幅3mmの薄切りにする。にんじんは長さ4cmの千切りにする。

2 鍋に玉ねぎ、にんじん、水を入れ火にかけ、野菜が柔らかくなったら、調味料を加えて出来上がり。

※シンプルなスープなので、底が白い器に盛り付けると綺麗に見える。さらに、仕上げにドライパセリなどを飾るとよい。

タルト

材料（1人分）
ビスケット生地（P48参照）………………………………30g
カスタードクリーム………30g
生クリーム……………20g
砂糖……………………2g
いちご…………………20g

カロリー	351kcal
塩分	0.2g

作り方

1. ビスケット生地（P48）を作る。タルト1個分（30g）ずつに生地を分ける。
2. ビスケット生地をタルト型に敷き詰め、170℃のオーブンで10分焼く。型から取り出して冷ましておく。
3. タルト型にカスタードクリームを絞り、その上にホイップした生クリームを絞る。
4. いちごを縦4等分に切る。タルト生地の端からいちごを等分に飾る。

トータル栄養データ

カロリー	853kcal
塩分	4.3g
たんぱく質	31g
脂質	31.2g
炭水化物	108g
食物繊維	5.9g

※タルトは除く。

栄養部のおいしさ自慢！

ハーブで塩分控えめ 脂っこさのないジューシーチキン

本院 管理栄養士
赤石定典さん

　ハーブ（オレガノ、バジル）を使うことで、鶏肉の臭みが消え、香り豊かに仕上がるので、塩分量を抑えてもおいしくなります。
　調理のポイントは「外カリッ、中ジューシー」です。そのためにはオーブンでの調理がオススメです。オーブンは、食材の水分が蒸発しにくくジューシーに仕上がるのが特徴です。厚目の肉の場合は、フライパンで皮に焼き目をつけてから、オーブンで焼き上げると見た目も味も"おいしい"チキンの完成です。
　また、このメニューは鶏肉を骨付きもも肉や丸鶏に変えると、クリスマスメニューに早変わり。骨付き肉を使用する場合は、骨と肉の間に包丁で切り込みを入れ、調味料を全体に揉み込んで3日間ほど寝かせます。
　今回のメニューは、麦の応用としてタルトの生地に麦こがしを使用しました。ケーキをお店で購入するときは、かぼちゃサラダのソースに麦を加えてはいかがでしょうか。

10日目 料理すべてに野菜を加えたバランス最良メニュー
野菜たっぷり 肉豆腐献立

患者さんのイチ押しコメント

大好物の三色卵はごはんに丁度良い味付けでした。肉豆腐も大好きです。おいしかったです。食欲がないときのやまいもとオクラの和え物は、食欲が出て元気になりました。

カロリー Total **898kcal**
塩分 **4.3g**

肉豆腐

材料(1人分)
- 絹ごし豆腐……………75g
- 豚バラ肉………………30g
- 玉ねぎ…………………40g
- 濃口しょうゆ…………11g
- 砂糖……………………6g
- 酒………………………1.0g
- だし……………………110g

カロリー 333kcal
塩分 1.6g

作り方

1 豚バラ肉を食べやすい大きさに切る。

2 絹ごし豆腐は崩れやすいので大きめの4等分に切る。玉ねぎはくし切りにする。

3 鍋に調味料を合わせて煮立たせ、煮汁に豚肉を入れ煮込む。肉に火が通ったら、玉ねぎを加えて煮る。

4 豆腐を加え、弱火で15分ほど煮込んで出来上がり。

やまいもとオクラの和え物

材料(1人分)
- やまいも………………30g
- オクラ…………………30g
- きゅうり………………20g
- 濃口しょうゆ…………3g
- だし……………………10g

カロリー 36kcal
塩分 0.4g

作り方

1 オクラを色よくゆでるため表面を塩でこすり、そのままゆでる。大きさにもよるが、1分〜2分が目安。ゆで上がったら冷水にとり、水気を拭きとる。

2 やまいもは洗って皮をむき、丸ごと酢水(色止め用・分量外)につけておく。

3 オクラを小口切りにする。オクラの大きさに合わせて、きゅうりを小口切り、やまいもをさいの目切りにする。

4 3とだし、しょうゆを好みで合わせて出来上がり。

麦きのこご飯

材料(1人分)
- 米‥‥‥‥‥‥‥‥‥70g
- もち麦‥‥‥‥‥‥‥30g
- ●調味液
  - 塩‥‥‥‥‥‥‥0.6g
  - 濃口しょうゆ‥‥‥3g
  - 酒‥‥‥‥‥‥‥3g
  - だし‥‥‥‥‥‥140g
- 生しいたけ‥‥‥‥‥10g
- しめじ‥‥‥‥‥‥‥10g
- まいたけ‥‥‥‥‥‥10g
- ごぼう‥‥‥‥‥‥‥10g
- 油揚げ‥‥‥‥‥‥‥10g
- にんじん‥‥‥‥‥‥10g
- グリーンピース‥‥‥5g

カロリー 424kcal
塩分 1.3g

作り方

1. きのこは、石づきを切り落とし、食べやすい大きさに切り分ける。にんじんと油揚げは細切りにしておく。ごぼうは皮をむいてささがきにし、水にさらしておく。

2. 炊飯器に米ともち麦を入れる。

3. 炊飯器に調味液を入れる。

4. 炊飯器にグリーンピース以外の具材を入れる。

5. 調味液に具材が浸るように散らして入れる。

6. 炊き上がったら混ぜ合わせて10分ほど蒸らしておく。ゆでておいたグリーンピースを散らして彩りよい炊き込みご飯の完成。

三色卵

材料(1人分)
- 卵……………………50g
- 玉ねぎ………………30g
- にんじん……………10g
- みつば………………2g
- ● 調味液
  - 砂糖…………………3g
  - 濃口しょうゆ………3g
  - 塩……………………0.5g
  - だし…………………7g

カロリー 105kcal
塩分 1g

作り方

1. にんじんは細切りにして下ゆでをしておく。玉ねぎ、みつばは食べやすい大きさに切る。

2. 鍋に調理液と材料を入れ、ひと煮立ちさせる。火からおろし、冷ましておく。

3. ボウルに2と卵を入れて混ぜ合わせる。底の浅いバットに泡立たないように、静かに入れる。

4. 3を蒸し器で約15分蒸し、竹串で火の通りを確認する。中から透明な汁がでてきたら火が通っている。

5. 食べやすい大きさに切り分けて、皿に盛りつける。

トータル栄養データ	
カロリー	898kcal
塩分	4.3g
たんぱく質	46g
脂質	36.6g
炭水化物	109g
食物繊維	9.6g

🍴 **栄養部のおいしさ自慢！** 🥄

卵を使った新食感が人気 腹持ちする大麦で間食も予防

第三病院 管理栄養士
原田 美和さん

　主菜は肉豆腐ですが、患者さんに人気があるのは野菜を加えた卵料理で"名脇役"の三色卵です。

　野菜を細かくきざみ、卵と交ぜることでジューシーかつ食べやすくなります。調理も蒸し上げることでふっくらと仕上がります。同じ材料で焼いてもおいしいですよ。

　卵料理は患者さんにどれも評判が良く、特にだしとしょうゆを使った和風味は、若い人からお年寄りまで幅広いニーズがあります。この料理は、卵焼きでもなく、卵豆腐でもない食感が楽しめるので、目先を変えた卵料理を食べたい方にオススメ。

　食材の量を増やせば大人数にも対応でき、下処理を済ませば調理機器に入れて待つだけ、と簡単です。

　このメニューは主食、主菜、副菜とすべてに野菜を使っているので、ビタミン、ミネラルは足りています。しかし、この場合でも麦を使うことで、腹持ちが良くなり、食事量を抑え間食の予防に役立ちます。

2章 ● 大麦バランスメニュー

知ってる？　麦飯男爵・高木兼寛

日本人の国民食「カレーライス」を普及させた海軍軍医総監・高木兼寛

脚気対策のために生まれた麦めしカレーは、いまは高血糖、脂質異常、高血圧やメタボリックシンドロームなど生活習慣病予防に役立つ。

幕末動乱期に日本に伝わるも
全国に広まるのは日露戦争後

　今や国民食として人気の高いカレーライス。カレーライスが嫌いな人を探すのが難しいくらいですが、これほど世に広く普及したのには慈恵大学病院の創始者・高木兼寛が行った脚気（かっけ）撲滅作戦の思わぬ波及効果があったからのようです。

　幕末の動乱期には、カレーを食べている外国人がいたようですが、すぐに日本人の食指を動かす食べ物にはなりませんでした。ところが明治に入って、横浜周辺にたくさんの欧米人が住みつき、しだいに洋食が日本人の間にも広まってきたようで、明治5年に出版された西洋料理の本の中にはカレーの作り方が紹介されています。しかし、カレーが本格的に日本全国に広まっていったのは日露戦争が契機のようです。

海軍の脚気撲滅作戦に
カレーライスが一役買う

　明治に入って政府は本格的な軍隊を整備しはじめました。ところが、兵士の間に脚気が流行り、軍隊としての機能が損なわれだしたことが問題になります。その脚気撲滅に取り組んだのが、当時、海軍の軍医で

あった高木兼寛でした。高木は脚気の原因を「白米」主体による栄養の偏りにあると考え、麦めしに変更したり、英国海軍を手本にした糧食改善を行いました。

　しかし、英国海軍で出されていたシチューやパンなどは日本人には馴染みがなく不評でした。そこで考えたのが、すでに艦上食として採用されていた肉じゃがと材料を共有できる料理でした。肉や野菜が入り、食欲を増進させるカレー風味のシチュー。そこに小麦粉でとろみを付け、麦めしにかけたカレーライスの誕生です。とろみによって船が揺れてもカレーが皿から流れ落ちる心配がないのが艦上食にうってつけでした。

カレーライスの味を知った兵士が
わが家に帰り家庭の味として復活させる

　海軍の糧食改善は大成功。脚気患者は急激に減りました。カレーライスはその後海軍に定着し、全国から集まった兵士がこの味を舌に染み込ませ、地元に帰ると、家庭でその味を再現させました。これが、カレーライスが広く普及した理由だといわれています。

　海上自衛隊では現在も毎週金曜日にカレーライスを食べるそうです。調理員は腕によりをかけて、各隊ごとにオリジナルカレーの完成に努めているといいます。

高木兼寛は脚気対策のために海軍で糧食改善を行った。この時に生まれたカレーライスが、日本最初のものともいわれる。

3章

今日から大麦サポーター！
知りたい大麦の秘密

麦ごはんで脚気を治したのが麦飯男爵こと高木兼寛先生です。
麦飯カレーを考案したり、病院食に取り入れたり……。
ここからは、そもそも大麦ってなに？　といった素朴な疑問や、
大麦をおいしくいただく方法、簡単保存テクニックなどを、ご紹介していきます。

世界最古の長〜〜〜いおつきあい
大麦っていったいどんな穀物？

ビールやウイスキー、麦みそに麦茶と、大麦はあなたが想像する以上に身近に存在する食物です。そんな大麦が、いま、私たちの健康を守る食品として世界的な注目を浴びています。
「大麦って、なんだろう？」と改めて問い直してみませんか？　その魅力がきっと見えてくるはずです。

大麦はイネや小麦と親戚

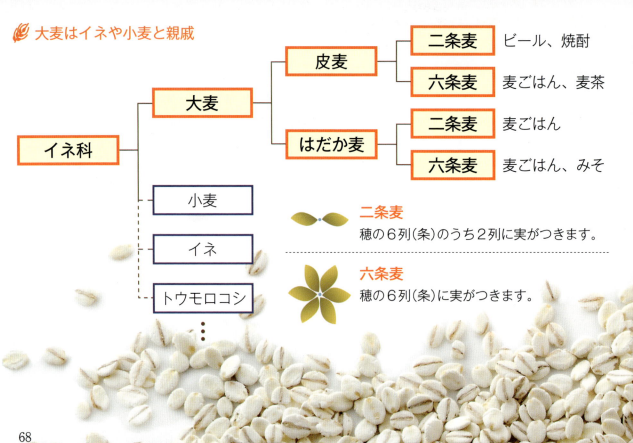

イネ科 ─ 大麦 ─ 皮麦 ─ 二条麦　ビール、焼酎
　　　　　　　　　　六条麦　麦ごはん、麦茶
　　　　　　　はだか麦 ─ 二条麦　麦ごはん
　　　　　　　　　　　　六条麦　麦ごはん、みそ
　　　　小麦
　　　　イネ
　　　　トウモロコシ

二条麦
穂の6列（条）のうち2列に実がつきます。

六条麦
穂の6列（条）に実がつきます。

大昔から食べられてきたのに まだまだ謎が多いβ(ベータ)-グルカン

「大麦」は世界で最も古くから栽培されている作物の一つです。約1万年前のメソポタミア文明ではすでに大麦が栽培されていて、日本に渡ってきたのは、今から1800年ほど前の邪馬台国の時代だそうです。奈良時代には国内各所で栽培されはじめました。

「大麦」はイネ科に属し、小麦やイネ、トウモロコシとは親戚関係にあります。大麦は外側の皮が離れにくい「皮麦」と、収穫の時に皮が離れてしまう「はだか麦」とに分けられ、それぞれの麦はさらに穂の実のつき方によって「二条大麦」や「六条大麦」などに分けられます。これらの「大麦」はビールや焼酎、麦みそ、麦茶などの原材料になったり、麦ごはんとして食べられるなど、特性に応じて使い分けられています。

さて、あなたは「小麦」が大きくなって「大麦」になる、なんて思ってはいませんか？　「麦に大・小が付いているからいまだに誤解されますが、小麦と大麦はイネ科に属している以外は植物として分類学上はまったく違うものなのです。麦に大・小がついたのは、植物が小さい時の葉の大きさの違いだとか諸説ありますが、その真偽のほどは不明です」と語るのは、独立行政法人農業・食品産業技術総合研究機構の柳澤貴司博士です。

「大麦がこれほど騒がれるのは、大麦に多く含まれる水溶性食物繊維であるβ-グルカンの効能が注目されているからです」(柳澤博士)。

農業・食品産業技術総合研究機構においても、食物繊維量の多い品種の開発に力を注いでおり、通常の大麦より2～3倍多くβ-グルカンを含む新品種の開発に成功しています。

「β-グルカンは実のところ、どう合成され、どういった遺伝子が関与するのかなど核心的なことが十分にわかっていないのです。それらのことが解明されれば、より含有量の多い品種が開発され、多くの方の健康に貢献することになると思います」と、柳澤博士は大麦の前途に光明を見いだしているようです。

農業・食品産業技術総合研究機構が栽培農家と共同で開発した新品種の大麦・「ビューファイバー」。食物繊維の主成分であるβ-グルカンを従来品種の2～3倍多く含む。

独立行政法人
農業・食品産業
技術総合研究機構
作物研究所 麦研究領域
上席研究員
柳澤 貴司博士(農学)

料理によって使い分け
加工大麦 6 つの個性

押麦

平らに押して食べやすく加工

もっとも愛用されている大麦です。外皮を剥いて、蒸気で加熱し、吸水率を高めるためにローラーで平らにしたものです。粒の真ん中にある「フンドシ」といわれる黒い筋が特徴です。白米と比較して食物繊維を約19倍も、カルシウムも約3倍多く含んでいます。

こんな料理に　「麦とろ」に最適、大麦の基本

大麦の中で最もポピュラーな精麦です。どんな麦料理にも合います。みなさんよくご存じの「麦とろ」に使われる麦は、主にこのタイプです。

胚芽押麦

栄養豊富な胚芽を残した押麦

大麦の成分に加え、不飽和脂肪酸やビタミンB1、ビタミンEがたくさん含まれている「胚芽」を残した押麦です。見た目は押麦とほとんど変わりませんが、胚芽を残している分だけ大麦の端に少し黒い点のような部分が目立ちます。

こんな料理に　押麦同様に何にでも使える

栄養豊富なので健康に気を遣われている方や体調回復を目指されている方などにオススメです。押麦同様に、どんな料理にでも使える万能大麦です。

米粒麦

お米にそっくりで食べやすい

粒の黒い筋に沿って半分に切断し、お米の形に似せた大麦。蒸し処理を行うことで吸水性を高めているほか、米粒麦は比重もお米に近くなるよう加工してあります。お米に混ぜてもほとんど抵抗無くいただくことができます。「大麦はちょっと」という方にオススメ。

こんな料理に　麦ごはんの食べやすさは一番

お米とよく混ざり合い、ブレンドが気にならないため、様々なお料理で重宝します。お子さんや年配の方の健康促進に積極的に活用いただけます。

収穫された大麦をご家庭でおいしくいただくまでには、いくつもの加工工程を経ます。
大麦を選別したり、皮をむいたり、切断したり、平たく押しつぶしたり……。
こうした過程を経て、大麦は食べやすさや用途によっていくつもの個性ある製品になります。
どれも食物繊維は豊富に含まれていますので、ご自分に合った味わいや食感を探してみてください。
ここでは、大麦の代表的な6つの加工製品をご紹介します。

ビタバァレー

ビタミン強化の
ヘルシー大麦

ビタミンB1、ビタミンB2などを強化した大麦です。「ビタ」はビタミン、「バァレー」は大麦(Barley)のことです。大麦を2つに割り、蒸気で処理した後ローラーで平らにしています。米粒麦同様、大麦の黒い線が目立たず、食べやすくなっています。

こんな料理に ダイエット時の栄養の偏り防止に

ビタミンB1、B2が強化してあるので、栄養が偏りがちなダイエット時のヘルシーメニューにどうぞ。食べやすいリゾットなどがオススメです。

もち麦

食物繊維が
とくに多い大麦

もち麦はβ-グルカンという食物繊維を多く含む大麦の中でも、とくにその含有量が多い品種です。お米にうるち米ともち米があるように「もち麦」はもち性の大麦です。粘性があり、普通の大麦よりモチモチ、プチプチした食感が特徴です。

こんな料理に モチモチ食感で人気上昇中!

プチプチした食感から、タピオカ代わりにスイーツに用いられたり、モチモチ感を活かしたいチヂミや春巻きなどに入れるとおいしくいただけます。

焙煎大麦粉

炒って挽いて
豊かな香ばしさ

大麦を煎って粉にしたもので、麦こがし、香煎、はったい粉とも呼ばれます。原料は関東では皮麦、関西では裸麦を使っています。消化しやすく甘みや香ばしさがあり、大豆から作られるきな粉のような味わいがあります。徳川家康も好物であったとか。

こんな料理に 香ばしさをたのしむスイーツに

お湯で練って練り菓子として食べられることが多いですが、シフォンケーキやクッキーなどに混ぜて食べると香ばしさが一段と引き立ちます。

絶対に失敗しない
おいしい麦ごはんの炊き方

体にいいことはわかっているんだけど、麦ごはんってどうやって炊くの……？
そんな理由で、あなたは健康美人になるチャンスを逃していませんか。
麦ごはんはとっても簡単に、とってもおいしくいただけます。
慈恵大学病院の栄養部が、病院食で積み重ねた経験をもとに、
絶対に失敗しない、おいしい麦ごはんの炊き方をご紹介します。

これだけは覚えておきたい 麦ごはんの炊き方4箇条

1 米と大麦の配分は7対3が基本

麦ごはんをおいしくいただくために米と混ぜて炊きます。食べやすく、しかも便通などの改善が期待できそうな配分目安は、おおよそ米7に対して大麦3の割合です。好みによって配分は自由に変えていただけます。

2 米の研ぎや水加減はいつもどおり

❶米をいつもどおりに研ぎ、炊飯釜に入れて目盛りに合わせ水加減を行います。
❷7対3の目安で量った大麦を加えます（米1合に対して大麦約60g）。
※大麦は洗わなくてもそのまま使えるものが市販されています。ご確認ください。

3 加えた大麦の2倍量の水を足す

加えた大麦の2倍の量の水を足します（加える大麦の量が60gなら、水120g＝120ccを米の水とは別に加える）。

4 炊く前に約30分の浸水時間をとる

水を加えた後、炊飯器の蓋をして30分くらいの浸水時間をとり、そのあと炊飯器のスイッチを入れます（炊飯器に雑穀モードがある場合には、浸水時間込みの炊飯時間となっている場合もありますので、説明書などで確認してください）。

一、いきなり多くの大麦を混ぜない

大麦の独特な香りで食が進まなくなる方もいます。最初は米に対して1割くらいの配分からはじめましょう。慣れてきたら大麦を増やしましょう。

二、大麦の2倍量の水を足す

大麦50gを混ぜるのなら100gの水を足します。「加える麦の2倍量の水を足す」と覚えれば、どんなに大麦を足してもおいしい麦ごはんができます。

三、浸水時間30分を忘れない

大麦は米に比べて吸水率が低いために、30分程度の浸水時間が必要になります。この時間が短いと、大麦がゴワゴワしておいしく炊きあがりません。

四、炊きあがったらよく混ぜる

大麦は米に比べて比重が軽いので、炊飯器のお釜の中で上に集まってしまいます。炊きあがった後はよく混ぜてからいただきましょう。

いろんな料理に使える大麦調理の基本
ゆで大麦の作り方と保存方法

主食や主菜・副菜、サラダにスイーツと大麦のいただき方は麦ごはんだけではありません。
どんなお料理にだって加えられて、おいしく、やさしく健康を気遣うことができるのが大麦なのです。
そんな重宝する大麦をしまい込んでしまってはダメ!
いつだって、気軽に使えるようにしておくことが賢い大麦ファンといえます。
大麦調理の基本中の基本「ゆで大麦」の作り方と保存方法をマスターしましょう!

1 3倍に増えることを考えて大麦の量を調整

鍋にたっぷり目の水を沸騰させ大麦を加えます（事前に洗う必要のある大麦はボウル等に入れて水で2～3回洗います）。大麦はゆでると約3倍に増量しますので分量をよく考えて調理しましょう。

2 ときおりかき混ぜながら15～20分間ゆでる

約15～20分間ゆでます。この時、下味を付け食べやすくするために、水1ℓに対して小さじ1/2の量の塩を加えてもかまいませんが、スイーツに使用する場合は下味を付けません。

3 大麦の中心部が透明になったらゆで上がり

15～20分間ゆでると、大麦の中心部に透明感が出てきます。2～3粒食べてみて、お好みの食感になったらゆでた大麦をざるにあけます。

4 流水でゆでた大麦のぬめりを取る

ざるの中に流水を注ぎ、手で混ぜるようにして洗い、大麦の表面のぬめりを取り除きます。

5 ゆでた大麦を小分けにして保存する

水で洗い終えた大麦の水分をしっかり切ったら、小分けにしてなるべく空気に触れないようにラップで包んだり、密閉できるジッパー付きナイロン袋などに入れて保管します。

6 タッパーに入れて冷凍保存すればいつでも使える

ラップやナイロン袋で小分けにした大麦は、タッパーなどにまとめて入れて冷蔵庫で保管します。冷凍なら2週間ほど保存がききます。使用時はなるべく自然解凍しましょう。

ゆでて、炒って、レンジでチン！
麦ごはんだけじゃない
大麦の調理法

ゆで大麦は麦ごはんに次ぐ
大麦調理の基本です。
でも、大麦のストックを
切らしていたり、
忙しくて下ゆでの時間がなかったり、
いつもと違った味わいを
求めていらっしゃる方は、
こんな調理の仕方も
試してみてください。

1 基本のゆで大麦

麦ごはん以外で最もポピュラーな調理法が「ゆで大麦」です。ゆでた大麦を小分けにして冷蔵庫に保存しておけばいつでも料理に使えます。

2 そのまま料理へ

ゆで麦を作っておかなくても、汁気の多い料理などは大麦（洗う必要のないもの）をそのまま料理に入れて煮込むことができます。煮る時間は15〜20分が目安です。

3 少量は電子レンジで

30分ほど浸水させた大麦を耐熱容器などに多めの水と一緒に入れ、600Wで5分〜8分ほど加熱します。浸水時間の長さや食感の好みにより加熱時間を調整します。

4 炒って香ばしく

フライパンなどで大麦が香ばしくなるまで炒ります。炒った大麦をサラダにかけても美味しいですが、ミルサーなどで粉にすると「麦こがし」（はったい粉）ができます。

🌾 キッチンに置いてすぐに使える
乾燥大麦の保存方法

大麦の保存方法はお米とほぼ同じです。
高温多湿を避け、密閉容器に入れておくのが一番！
基本は常温保存ですが、
しばらく使わない場合は冷蔵保存しましょう。
いつも使う大麦ファンなら、
キッチンに置いても問題なし!!

ストッカーに入れ、キッチンでいつでも使えるように

大麦を毎日使うためには、いつもキッチンの見えるところに置いておくのが一番！　湿気を防ぐためのパッキンのついた、しかも透明でいつも大麦を確認できる透明なストッカーに入れておくのがよいでしょう。ただし、直射日光は避けましょう。

ジッパー付きナイロン袋で空気に触れないように密閉

ストッカーがない場合に便利なのが、ジッパー付きのナイロン袋です。ストッカーよりもさらに小分けにできて、空気との接触を少なくできるのがメリットです。しまい込んでしまわないように開けやすいキッチンの引き出しなどに入れておきましょう。

ジッパーがない場合はクリップでしっかり密閉

ジッパー付きのナイロン袋がない場合も、クリップなどでナイロン袋の口元を留めてしまえば大丈夫です。大麦を入れた袋からなるべく空気を抜いて大きめのクリップでしっかりと閉じてください。ナイロン袋は少し厚めの破れにくいものを使用してください。

基本は常温だが、暑い日が続く場合は小分けにして冷蔵庫へ

大麦は基本的には常温保存できますが、長い期間保存する場合や、夏場の高温になる時期には品質が劣化する場合があります。すぐに使用しない場合には、なるべく冷蔵庫に入れておくのが無難です。

お米とおんなじ、大麦にだって虫がつく

保存中のお米にいつの間にか虫がつくように、大麦もまた虫に狙われています。どんなに密閉した容器の中にお米を入れておいても、気が付くとガのような虫が入っていたことはありませんか？　お米や大麦につく虫では「コクゾウムシ」や「ココクゾウムシ」「バクガ」などがよく知られています。お米や大麦に穴を開けて卵を産み付けたり、生まれた幼虫が穀類の中に入り込んだりします。
　産み付けられた幼虫や卵は貯蔵庫で羽化し、また他の穀類に卵を産み付け被害を大きくします。網戸で成虫を寄せ付けないこと、こぼれたお米や大麦を放置しないことなどが虫予防対策になります。

知ってる？　麦飯男爵・高木兼寛

南極大陸に偉人として名を残す高木兼寛の知られざる功績

日本よりも世界で知られるTAKAKI ノーベル賞受賞者同様の扱い

　脚気（かっけ）の撲滅に尽力した功績が認められ、男爵に叙せられたのは慈恵大学病院の創始者である高木兼寛です。脚気と直接的な関わりを持つビタミンを発見したのは医学研究者・鈴木梅太郎ですが、その発見のきっかけになったのは、高木の脚気と食事の関係に着目した取り組みでした。そのため高木は「ビタミンの父」と称せられるようになったのです。

　1959年、英国南極地名委員会は高木のこの脚気予防の功績を顕彰し、南極大陸のとある岬にTakaki Promontory「高木岬」と名付けました。付近にはほかに「エイクマン岬」「フンク氷河」「ホプキンス氷河」「マッカラム峰」など、ノーベル生理学医学賞受賞者を含む学者たちの業績を記念する命名が行われています。

　日本では"知る人ぞ知る"高木兼寛の業績も、世界では初めて脚気を疫学的に防いだ偉大な取り組みとして高く評価し、後生にその名を残すべき偉人のひとりに列しているのです。

貧しき者への医療をめざし、日本の医学界の発展に大きく貢献

　高木兼寛の功績はそればかりではありません。高木は1880年に5年間の英国留学を終えて帰国すると、日本の医学界が「研究至上主義」の風潮にあることを嘆き、「医療至上主義」の考え方を広めるべく努めます。1881年の成医会講習所（1903年、日本初の私立医学専門学校・東京慈恵医院医学専門学校となる）の創立を皮切りに、1882年に日本初の民間慈善病院・有志共立東京病院、1885年にはこれも日本最初の近代看護師教育機関である有志共立東京病院看護婦教育所を相次いで設立します。

　高木は病院の設立趣意書に「人に幸不幸あり、時に遇不遇あり、これ天のしからしむるところ、貧にして病み、病んで療するあたわざる者を救うは、健康富裕の人、社会に尽くすの一義務たるを信ずるなり」と記し、医療費を請求しない病院運営をはじめています。

「高木岬」は脚気予防試験の目的で航海に出た戦艦筑波の折り返し寄港地、チリの最南端ホーン岬の対岸、南極半島に明記されている。（帝国書院発行「大きな文字の地図帳6版」より）

4章

生活習慣病をしっかり予防する
大麦主食レシピ

忙しいときには丼ものや、パスタのようなひと皿料理で済ませてしまいたいもの。
でも、そんなときに誰もが気にするのが栄養バランスです。
大麦は食物繊維が豊富な上に、
糖分や余分なコレステロールの吸収を抑制してくれます。
体重を気にする人や、健康を気遣う人には
大麦レシピはうって付けかもしれません。

カロリー	719kcal
塩分	2.9g

チキンピラフでつくる

押麦のドリア

材料（1人分）
- 麦ごはん（押麦）……… 220g
- 鶏もも肉………………… 30g
- パプリカ（赤）………… 20g
- パプリカ（黄）………… 20g
- 玉ねぎ…………………… 20g

● ベシャメルソース
- 牛乳……………… 200g
- 薄力粉…………… 10g
- バター…………… 10g
- 塩………………… 2g

溶けるチーズ………… 20g

作り方

1. 玉ねぎは粗みじん、鶏肉は2㎝角、パプリカは1㎝角に切っておく。

2. 鍋にバターを入れて火にかけ、薄力粉を加え焦げないように炒める。牛乳でのばして塩を加えて味を調え、ベシャメルソースを完成させる。

3. フライパンに油（分量外）をひき、玉ねぎと鶏肉を炒め、麦ごはんとパプリカも炒める。

4. グラタン容器に3のごはんを敷き詰め、ベシャメルソースをかける。

5. チーズを上にのせ、200℃のオーブンで10分、焦げ目がつく程度に焼く。

カロリー	358kcal
塩分	2.3g

トマトの風味が食欲を誘う

麦ごはんリゾット

材料（1人分）
- 米……………………35g
- 押麦…………………15g
- トマト………………100g
- にんにく……………2g
- ベーコン……………10g
- しめじ………………10g
- 粉チーズ……………4g
- 白ワイン……………10g
- 塩……………………2g
- オリーブ油…………10g
- 水……………………200g

作り方

1. トマトはヘタを取り、皮ごと2cm角に切っておく。ベーコンは1cmの幅に切る。ニンニクはみじん切りにする。しめじは石づきを落としてほぐしておく。米は洗わずそのまま使う。

2. フライパンにオリーブ油をひき、にんにくを焦がさないように香りがでるまで炒める。ベーコンと米、押麦、白ワインを入れ1分炒めたら、トマト、しめじを入れてさらに炒める。

3. オリーブ油がまわったら水200gを入れて弱火にかける。

4. 火加減に注意しながら、水分がなくなるまで20分くらい煮る。全体に粉チーズを混ぜ合わせ、塩で味を調える。

5. 器に盛り付け、上にパセリなど（分量外）を飾る。

モチモチのいんろう煮

麦入りイカめし

材料(1人分)
- スルメイカ……………1杯
- もち米…………………30g
- もち麦…………………10g

● 下味調味料
- 濃口しょうゆ…………18g
- みりん…………………18g
- 酒………………………15g
- しょうが………………10g

● 煮込み用調味料
- 酒………………………5g
- 濃口しょうゆ…………6g
- 水………………………300g

作り方

1 もち米ともち麦は1時間程度浸水させたら水をきり、下味用の調味料を混ぜて10分程度味を馴染ませる。
※スルメイカの内臓も混ぜると黒く色づくがコクが出る。

2 スルメイカの内臓とゲソを取り除き、ゲソ部分を1cm程度の大きさに切る。

3 スルメイカの胴体に下味をつけた米と切ったゲソを入れ、楊枝で詰めた口を止める。

4 鍋に分量の煮込み用調味料を入れて火にかける。沸騰したらイカめしを入れ、弱火で50分煮る。

5 煮上がったら5〜6等分に切り分け、器に盛り付ける。

シーフードミックスで作る

もっちりチヂミ

材料(1人分)

- ニラ……………………25g
- にんじん………………15g
- 長ねぎ…………………10g
- シーフードミックス……25g
- 押麦……………………13g
- ●生地
  - 薄力粉…………………25g
  - 片栗粉……………………5g
  - 卵…………………………6g
  - 塩………………………0.1g
  - 水………………………38g
  - ごま油…………………0.5g
- ●タレ
  - 濃口しょうゆ…………10g
  - 砂糖………………………1g
  - 酢…………………………2g
  - ごま油…………………1.5g
  - コチュジャン…………1.5g

作り方

1. ニラ、にんじん、長ねぎは短冊切りにする。シーフードミックスはさっとゆでてざるに上げる。押麦は20分ゆでて水気をきっておく。

2. ボウルに生地の材料を入れて混ぜ合わせ、さらに1の材料を加えてよく混ぜる。

3. フライパンにごま油(分量外)をひいて2を流し入れ、両面きつね色になるまでこんがりと焼く。

4. タレの材料をよく混ぜ合わせる。コチュジャンの量は好みの辛さに調節する。

5. チヂミが焼きあがったら、食べやすい大きさに切り分けて皿に盛る。

カロリー 230kcal
塩分 1.9g

4章 ● 大麦主食レシピ

| カロリー | 601kcal |
| 塩分 | 2.1g |

ひき肉と麦の食感がおいしい

押麦のミートソース

材料（1人分）
合挽き肉……………………50g
押麦………………………… 5g
玉ねぎ……………………… 20g
マッシュルーム…………… 5g
にんにく…………………… 0.5g
オリーブ油………………… 5g

●トマトソース
　トマトホール缶………80g
　トマトケチャップ……30g
　中濃ソース…………… 2g
　塩……………………… 1g
　白こしょう……………適量
パスタ（乾）……………… 95g
バター……………………… 5g

作り方

1 玉ねぎ、マッシュルーム、にんにくをみじん切りにする。押麦は20分ゆでて水気を切っておく（麦はもち麦だともっちり感が増す）。

2 フライパンにオリーブ油とにんにくのみじん切りを入れ、香りが出るまで炒め、さらに玉ねぎを入れて炒める。玉ねぎがしんなりしてきたら、挽き肉を加え、8割程度火が通ったらマッシュルーム、押麦を加えて炒める。

3 2にトマトソースの材料を入れ、弱火～中火でかき混ぜながら煮込む。最後に塩・こしょうで味を調える。煮込むことで、トマトの酸味が抜けてまろやかな仕上がりとなる。
※中濃ソースを豚かつソースにすると甘味が増し、ウスターソースにするとさっぱりした仕上がりになる。

4 パスタを規定の時間でゆでてバターを絡める。麺がくっつくのを防ぐとともに、料理のコクがアップする。

5 4の上にミートソースをかけて出来上がり。お好みでイタリアンパセリなどトッピングすると見た目もよい。

やわらかい辛さでお子様にも食べやすい

大麦キーマカレー

材料(1人分)
ごはん	220g
合挽き肉	50g
玉ねぎ	50g
にんじん	15g
押麦	10g
グリーンピース	5g

● キーマカレー調味料
カレールー	12g
トマトケチャップ	5g
ウスターソース	5g
水	50g
卵	50g
パセリ	適量

作り方

1 玉ねぎ、にんじんは3mm角のみじん切りにする。押麦は水から20分ゆでて、水気をよくきっておく。グリーンピースはゆでて冷水で冷やしておく。

2 玉ねぎとにんじんを炒め、野菜がしんなりしたら挽き肉を加えてよく炒める。肉に火が通ったらキーマカレーの調味料を入れて煮つめ、最後に押麦を加えて混ぜる。

3 ポーチドエッグを作る。電子レンジで使用できる容器にラップをしき、その上に卵を割る。卵をラップで包み、上部を絞って閉じる。電子レンジで卵がパンクしないように様子を見ながら、加熱する(500Wで20秒弱が目安)。

4 器にごはんを盛り付けてキーマカレーをのせ、グリーンピースを飾る。ポーチドエッグとパセリをトッピングする。

カロリー	653kcal
塩分	2.1g

もち米と、もち麦に食材のうま味がたっぷり

もち麦ちまき

| カロリー | 412kcal |
| 塩分 | 1.2g |

材料（1人分）

● もち麦ちまきの材料
- もち米·················60g
- もち麦·················30g
- 鶏もも肉···············20g
- 干ししいたけ··········1.6g
- 干しえび················4g
- たけのこ（水煮）······20g
- にんじん···············10g
- ごま油··················12g

● 調味料
- 濃口しょうゆ············3g
- 砂糖······················1g
- オイスターソース······3g
- 酒·························3g
- 白こしょう·············適量
- 水…干しえびと干ししいたけの戻し汁を加えて 120g

※別途、竹皮はご用意ください。

Point 1 干ししいたけと干しえびを水で戻す。旨味が凝縮した戻し汁は、おいしいちまきを作るために、もち米にしっかり吸わせて使うので、捨てずにとっておく。

Point 2 煮汁でもち米を炒めるときは、もち米の芯が少し残る程度で止めておく。芯がなくなるまで炒めると、蒸しあがりが柔らかくなりすぎて食感が損なわれてしまうので、最終的な出来上がりを考慮して調理する。

作り方（5人分）

1. にんじん、たけのこ、鶏もも肉、戻した干ししいたけは0.5〜1cm程度の角切りにする。

2. ごま油で具材を炒め、もち米・もち麦を加えて軽く炒める。

3. 干しえびと干ししいたけの戻し汁を加えた水3カップ分に、砂糖・しょうゆ・オイスターソース・酒・こしょうを加えて2に入れる。

4. 火にかけてかき混ぜながら煮詰める。はじめは煮汁が多く感じられるが、徐々にもち米が水分を吸っていく。もち米の芯が少し残る程度で火を止める。少し固さが残る程度にしておくのがポイント。

5. バットに移して広げ、粗熱をとっておく。

ちまきの包み方

1. 竹の皮は熱湯で15分くらいゆでて柔らかくし、濡れタオルで拭いておく。下1/3程度を少し左にずらして折り返す。

2. 折り返した部分を開いて袋状にする。

3. 冷ましておいた具材を袋状の部分に詰め、三角形になるように形を整えながら、スプーンなどを使って隅までしっかり詰める。

4. 竹皮を折り返して被せ、両側から包み込み形を整える。包み込んで重なった部分を左側に折り返し、紐（竹の皮を裂いたもの）で結ぶ。余分な皮はハサミで切り取る。

5. 蒸し器で20分ほど蒸して出来上がり。

4章 ● 大麦主食レシピ

食物繊維がたっぷりの本格イタリアン

押麦のニョッキ／きのこのクリームソース

カロリー	822kcal
塩分	1.2g

材料(1人分)

● ニョッキ
- 強力粉……………25g
- 押麦………………30g
- 卵…………………10g
- じゃがいも………25g
- 塩…………………0.1g
- バター……………1g
- パルメザンチーズ………3g
- イタリアンパセリ………少々

● きのこソース
- にんにく…………1g
- ベーコン…………15g
- えのき……………15g
- しめじ……………15g
- しいたけ…………15g
- マッシュルーム…10g
- 白ワイン…………5g
- 生クリーム………100g
- 塩…………………0.5g
- 黒こしょう………適量
- バター……………2.5g
- オリーブ油………5g

きのこソースの作り方

1 にんにくはみじん切り、ベーコンは2cm幅程度に切る。えのきとしめじは石づきを落とし、小房に分ける。しいたけは縦4等分にする。マッシュルームは缶詰の場合はざるにあけて水気をきる。生の場合はしいたけ同様に4等分する。

2 フライパンにオリーブ油、バター、にんにくを入れ、香りが出るまで炒めたら、ベーコンを加える。さらに、えのき、しめじ、しいたけ、マッシュルームを入れて炒め、白ワインを加えてアルコール分をとばしていく。

3 2に生クリーム、塩、黒こしょうを加えて、軽く火を通しておく(ニョッキの出来上がりに合わせて調理し、ニョッキのゆで汁を加えながら微調整して味を調える。味が足りないときはコンソメやしょうゆを加えてもよい)。

ニョッキの作り方

作る人数分の材料を計量して準備する。卵は溶き、麦はゆでる。じゃがいもはゆでて裏ごしする。強力粉はふるいにかけておく。

裏ごししたじゃがいもにバターと塩を加え、まとめたらドーナツ状にする。その中心に溶き卵を入れ、円の中心から混ぜていく。こうすると卵液が流れず混ぜやすい。

卵とじゃがいもがある程度混ざったら強力粉を振り入れ、混ぜていく。

強力粉は2~3回に分けて加え、粉っぽさがなくなるまで混ぜる。

4にゆで麦を加える。麦がまんべんなく混ざるよう、生地を広げて加える。

5の生地を少量の打ち粉(分量外)をひいた上で、手のひらを使い、こねるように混ぜ込んでいく。こねた生地を丸くまとめる。

打ち粉(分量外)をひいた台の上で6を直径2~3cmの棒状に伸ばし、包丁またはヘラなどで2cm幅に切る。

切り分けて丸めた生地に打ち粉(分量外)をしながら1つずつ成形する。生地の上にフォークの背を軽くのせ、手前に引くと上手に丸まる。

成形したニョッキを沸騰した湯でゆでる。湯の中で浮き上がってきたらゆであがりの目安。同時にきのこソースに少量のゆで汁を加えながら、味や濃度を調整する。

ゆであがったニョッキをざるにあけて水気をきり、きのこソースに絡める。器に盛り付け、パルメザンチーズとイタリアンパセリを散らす。

カロリー 598kcal
塩分 6.9g

野菜がたくさんのナムルを使って

麦ごはんのビビンバ

材料（1人分）
- 麦ごはん……………220g
- 豚肉の細切り肉………30g
- ほうれん草……………20g
- 大豆もやし……………20g
- にんじん………………20g
- ぜんまい………………20g
- 卵………………………1個
- ●ナムル用調味料
  - 薄口しょうゆ………4g
  - とり
  - ガラスープ（顆粒）…… 3.5g
  - 塩……………………0.5g
  - ごま油………………0.5g
- 水………………………35g
- ●豚肉用調味料
  - 砂糖…………………1g
  - 酒……………………2g
  - 濃口しょうゆ………5g
  - オイスターソース……2g
- ●薬味みそ
  - ねぎ…………………15g
  - みそ…………………18g
  - 砂糖…………………3g
  - コチュジャン………6g
  - 白すりごま…………3g
  - 酢……………………5g

作り方

1 麦ごはんを炊いておく。沸騰したお湯に卵を入れ、半熟卵をつくる。6分ゆでたら速やかに冷水で冷やす。

2 にんじん、大豆もやし、ほうれん草、ぜんまいはゆでて冷ました後、水分をよくきっておく。ナムル用の調味料は4等分に分けそれぞれの材料と和えておく。

3 豚肉は豚肉用の合わせ調味料に漬け込んでからフライパンで炒める。

4 丼に麦ごはんを盛り、肉とナムルの野菜を中心を空けるように盛り付ける。中心に混ぜ合わせた薬味みそをのせて、ふたをするように半熟卵をのせる。

鶏のうまみがしみ込んでみんな大好き

そぼろごはん

材料(1人分)

- 米･････････････････70g
- もち麦･････････････30g
- ごはんの調味料
  - 濃口しょうゆ･･････2.5g
  - 酒･･････････････4.5g
  - 水･････････････140g
- 鶏ひき肉･･･････････50g
- 鶏ひき肉の調味料
  - 濃口しょうゆ･･･････6g
  - 砂糖･･････････････4g
  - しょうが･･････････1g
  - 酒････････････････2g
  - みりん････････････2g
  - 水･･････････････10g
- 卵････････････････30g
- 卵の調味料
  - 砂糖･･････････････2g
  - 塩･･････････････0.2g
- サラダ油･････････････2g
- しいたけ････････････20g
- しいたけの調味料
  - 濃口しょうゆ･･･････1g
  - 砂糖･･････････････1g
  - 水･････････････15g
- 紅しょうが･･････････適量
- グリーンピース･･････適量

作り方

1 米ともち麦にごはんの調味料を加えて炊き、味ごはんを作る。

2 鶏ひき肉は鶏ひき肉の調味料を加え、焦げ付かないように注意しながら、汁気がなくなるまで炒める。

3 溶いた卵に卵の調味料を合わせ、サラダ油で炒めて炒り卵を作る。

4 しいたけはしいたけの調味料で汁気がなくなるまで弱火で煮る。

5 丼に味ごはんを盛り、しいたけ、炒り卵、鶏そぼろをのせる。ゆでたグリーンピースと紅しょうがを添える。

カロリー	553kcal
塩分	2.6g

4章 ● 大麦主食レシピ

Column

これからの調理の味付けは小さい単位まで量ることが大切

2.5ml(小さじ1/2)の食塩

0.63ml 小さじ1/8(少々)の酢

塩や砂糖などをひとつまみ、小さい単位で量れ平行に置ける計量スプーン5本組

レシピ本の多くで、調味料の単位を量る時に、大さじ1とか小さじ1という表記をよく使います。また、ひとつまみといった計量があいまいなものもあります。

しかし、高血圧や糖尿など病気が気になる方や健康に注意している方には、大さじ(15ml)小さじ(5ml)以下も正確な分量で料理を楽しみたいものですね。

日本人の成人に勧める1日の塩分摂取の目標値は、男性10g未満、女性8g未満ですが、高血圧の方などは、1日6g未満なのです。そんな時の料理作りに、小さい単位まで量れる計量スプーンをお勧めします。

貝印の「SELECT100 計量スプーン」は、大さじ1・小さじ1・小さじ1/2・小さじ1/4(ひとつまみ)・小さじ1/8(少々)の5本組セットです。

この計量スプーンはすべて置いたままでも計量できる上に、スプーンが円柱状になっており、通常の半球形のスプーンより表面積が狭いので、表面張力による誤差も起こりにくく液体も正確に量ることができます。

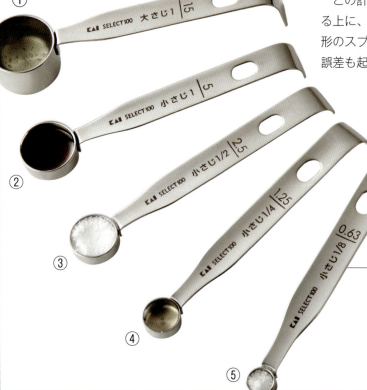

貝印「SELECT100 計量スプーン」

①15ml(大さじ1)
②5ml(小さじ1)
③2.5ml(小さじ1/2)
④1.25ml 小さじ1/4(ひとつまみ)
⑤0.63ml 小さじ1/8(少々)
①〜⑤各1本　本体400円+税
5本組　本体1600円+税
貝印：0120-016-410　www.kai-group.com

5章

健康美人になるための
おいしい大麦のおかず

あと一品がほしいというときのために、
手間いらずですぐに出来るレシピを持っていたいもの。
カンタンにできるのに、おいしくて、
食事全体の栄養バランスも整えてくれるようなおかず。
食べれば食べるほど健康美人に近づいている気がする……。
ここで紹介する大麦料理のレシピは、
そんなウレシイおかずばかりです。

カロリー	360kcal
塩分	2.8g

軽くさくっとした春巻きにプチプチ食感をプラス

もち麦入り春巻き

材料(1人分)

春巻きの皮	2枚
豚ロース(スライス)	30g
もやし	30g
たけのこ	10g
春雨	5g
しいたけ	10g
もち麦	10g
とりガラスープ(顆粒)	3g
オイスターソース	5g
濃口しょうゆ	5g
水溶き片栗粉	適量
水溶き小麦粉(薄力粉)	適量

作り方

1. 豚肉、たけのこ、しいたけは千切りにする。もち麦は湯で20分ゆでる。

2. フライパンにサラダ油(分量外)をひいて豚肉を炒め、もち麦、もやし、たけのこ、しいたけ、水で戻した春雨を入れ炒め、調味料を加えて水で溶いた片栗粉でとろみをつける。

3. 2の具材を大きめのバットに入れて冷ましておく。この時、広げるようにすると早く冷める。

4. 春巻きの皮で具を包み、水溶き小麦粉(薄力粉)で閉じる。皮の重なりが均一になるようにすると、むらのないパリッとした春巻きになる。

5. 170℃のサラダ油で色よく揚げる。具が冷めていない、具の水分が多い、油の温度が高すぎる、などは皮が破れやすくなる。

Point 皮には裏表があり、なめらかな面が表(外側)にくるように巻く。

タルタルソースにつぶつぶの食感がアクセントに

鶏ささみフライと大麦タルタルソース

材料(1人分)
- 鶏ささみ………………2枚
- 塩……………………0.3g
- こしょう………………適量
- 大葉……………………1枚
- スライスチーズ…8g(1/2枚)
- 麦こがし………………10g
- 卵……………17g(1/3個)
- パン粉…………………適量
- サラダ油(揚げ油)……相当量

● 麦入りタルタルソース
- ゆで卵…………………20g
- 玉ねぎ…………………10g
- マヨネーズ……………20g
- もち麦…………………10g

作り方

1. ささみは厚さ1cmになるようにたたき、塩、こしょうをしたら大葉、スライスチーズと重ねる。

2. 1に麦こがしをまぶし、溶き卵にくぐらせたらパン粉をつける。油を160℃に熱し、ささみをこんがりと揚げる。

3. ゆで卵をつぶして細かくする。玉ねぎはみじん切りにして水にさらしたら絞って水気をきり、もち麦は20分ゆでてざるにあけて冷ます。

4. 細かくしたゆで卵と玉ねぎともち麦とマヨネーズを混ぜあわせ、タルタルソースをつくる。

5. ささみフライは食べやすい大きさに切り、タルタルソースを添える。

カロリー	460kcal
塩分	1.2g

カロリー	133kcal
塩分	2.8g

ベーコンと野菜のうま味を引き出す

ミネストローネスープ

材料(1人分)
- ベーコン……………10g
- にんじん……………10g
- 玉ねぎ………………15g
- ズッキーニ…………15g
- しめじ………………10g
- 押麦……………………5g
- ミックスビーンズ………15g

● ミネストローネの調味料
- コンソメ………………5g
- トマトピューレ………10g
- トマトケチャップ……10g
- 水……………………200g
- 塩……………………0.1g
- 白こしょう……………適量

作り方

1 ベーコンは幅1cm、にんじん・玉ねぎ・ズッキーニは1cm角に切る。しめじは石づきを切り落としてほぐしておく。押麦は20分ゆでて流水でぬめりをとり、ミックスビーンズはざるにあけておく。

2 鍋で水からにんじんをゆでる。玉ねぎを入れ、火の通り具合を確認する。少し固めのうちに、ズッキーニ、しめじ、押麦、ベーコン、ミックスビーンズを入れてさらに煮る。こまめにアクを取り除く。

3 ミネストローネの調味料を入れ、弱火で4〜5分程度煮込み、最後に塩、こしょうで味を調える。

Point 野菜のうまみがすべてスープに溶け込み、ベーコンのうまみと塩味も入ることでおいしさがアップする。具材はミックスベジタブルやひよこ豆、冷蔵庫の中の余り野菜を入れたり、ピューレの代わりに湯引きしたトマトをザク切りにしてもよい。

やさしい味わいととろみでからだを温める

押麦・大豆と白菜の豆乳スープ

材料（1人分）
- 白菜……………………50g
- 押麦…………………… 5g
- 大豆水煮………………25g
- にんじん………………10g
- とりガラスープ（顆粒）…2.5g
- 無調整豆乳……………75g
- 水……………………125g
- 塩……………………… 0.3g
- 黒こしょう……………適量
- 片栗粉（水溶き用）……… 5g

作り方

1. 白菜は長さ3cm、幅3cm程度に切る。にんじんは幅1cmの斜めに切って、さらに2mm幅の薄切りにしひし形にする。押麦は20分ゆでて、大豆水煮はざるにあけて水をきる。

2. 鍋に分量の水を入れて沸騰させる。にんじん、白菜の順に入れ、にんじんがやわらかくなったら、押麦と大豆水煮を加える。煮たったら火を弱めて、ガラスープを加える。

3. 最後に豆乳を加えひと煮立ちしたら、塩、黒こしょうで味を調える。

4. 一度火を止めて、水溶き片栗粉をかき混ぜながら少しずつ回し入れたら、ふたたび弱火にかけてとろみをつける。とろみをつけるとスープが冷めにくくなり、豆乳のおいしさとまろやかさが強調される。白菜の代わりにチンゲン菜にしたり、ベーコンなどを加えてもおいしい。

カロリー	128kcal
塩分	1.5g

5章 ● おいしい大麦のおかず

和風マヨでひと味ちがう
ひじきサラダ

材料(1人分)

押麦	7g
芽ひじき	3g
きゅうり	5g
にんじん	5g
コーン缶	5g

● ドレッシング
- マヨネーズ……10g
- めんつゆ(市販)……5g

● トッピング(お好みで)
- ごぼう……5g
- サラダ油……1g

カロリー 141kcal
塩分 1g

作り方

1. 押麦を20分ゆでておく。
2. 芽ひじきは水で洗い、5分ほど水に浸してから熱湯で軽くゆでる。
3. きゅうりとにんじんは千切りにする。
4. ゆでた押麦と芽ひじきにドレッシングを入れて混ぜ合わせる。
5. 4にきゅうり、にんじん、コーン缶を入れ軽く混ぜる。
6. 器に盛り付ける。トッピングにごぼうの素揚げを載せる。

梅の酸味でさっぱりと
大麦とわかめの梅サラダ

材料(1人分)

押麦	10g
乾燥わかめ	0.5g
(生わかめ	5g)
大根	20g
白ごま	適量

● 梅酢
- 梅干……20g
- 酢……10g
- 砂糖……5g
- 濃口しょうゆ……2.5g

カロリー 79kcal
塩分 1.6g

作り方

1. 梅干の種を取り果肉をほぐす。調味料と合わせて梅酢をつくる。
2. 押麦を20分ゆでてざるにあけ、水をきって冷ます。わかめは水で戻しておく(生わかめを使用する場合は、よく洗い、砂、塩を取り除く)。
3. 大根を短冊切りにする。わかめは食べやすい大きさに切る。
4. ボウルに押麦、わかめ、大根を入れ、1の梅酢をよく混ぜて味を馴染ませる。
5. 4を冷蔵庫で冷やして、食べる直前に軽く混ぜてごまを散らす。

ボリュームのあるハンバーグも大麦でカロリーを抑えて

大麦ハンバーグ

材料(1人分)
合挽き肉	65g
玉ねぎ	40g
乾燥パン粉	1.3g
牛乳	8g
卵	8g
塩	0.5g
こしょう	適量
ナツメグ	0.1g
オリーブ油	1g
サラダ油	1g
押麦	10g

● ハンバーグソース
ケチャップ	20g
ウスターソース	10g

作り方

1 玉ねぎは3mm角のみじん切りにする。押麦は20分ゆでておく。

2 フライパンにオリーブ油をひき、玉ねぎをあめ色になるまで炒める。炒めた玉ねぎは冷ましておく。

3 ボウルに挽き肉、炒めた玉ねぎと牛乳とパン粉とゆでた押麦と卵を入れよく混ぜる。

4 3に塩、こしょう、ナツメグを入れよくこねる。ハンバーグを成形し、キャッチングをして中の空気を抜く。

5 フライパンに油をひいて温め、ハンバーグを入れて両面を焼く。フライパンに残った肉汁とケチャップ、ウスターソースを軽く煮詰めてハンバーグソースをつくる。

カロリー	229kcal
塩分	2g

カロリー 264kcal
塩分 3.9g

生姜でからだの中から熱々になる

生姜が効いた肉団子鍋

材料(1人分)
● 肉団子
- 鶏挽き肉……………50g
- 絹ごし豆腐…………20g
- 押麦……………………10g
- 塩………………………0.3g
- パン粉…………………10g
- 長ねぎ…………………10g
- 卵………………………5g

● 肉団子の調味料
- 酒………………………1g
- ごま油…………………1g
- 濃口しょうゆ…………1g
- しょうが汁……………5g

- 長ねぎ…………………30g
- 白菜……………………50g
- 大根……………………50g
- にんじん………………10g
- しいたけ………………10g

● 鍋のスープ
- 酒………………………10g
- 薄口しょうゆ…………20g
- だし……………………400g

作り方

1 白菜は3〜4cm角、長ねぎは長さ5cm、幅7mmの斜め切り、大根・にんじんは3cm幅で薄さ2mm程度でかつらむきのように長くスライスする。ピーラーを使ってむいてもよい。しいたけは上に切り込みを入れて、飾り切りにする。押麦は20分ゆでておく。

2 ボウルに鶏挽き肉、塩、卵を入れて、ねっとりするまで良く練る。全体が白っぽくなってきたら、キッチンペーパーで水切りした絹ごし豆腐、パン粉、みじん切りにした長ねぎ、ゆでた押麦、肉団子の調味料を加え、さらに良く練る。

3 鍋にスープを入れて熱する。鍋の中に2の肉団子のたねを丸めながら入れて煮込み、アクが出たら取り除く。

4 肉団子のだしが出たら野菜を入れ、火が通るまで煮る。取り分けた後、好みでゆずこしょうなどを加えてもよい。

鶏肉とキャベツでボリューム満点

キャベツと鶏肉のスープ

材料(1人分)
鶏もも肉	60g
玉ねぎ	30g
キャベツ	100g
パプリカ(赤)	10g
押麦	5g
オリーブ油	5g
コンソメ	4g
塩	0.1g
白こしょう	適量
水	200g

作り方

1 玉ねぎ、キャベツは3cm程度、パプリカは2cm程度の角切りにし、鶏肉は一口大に切る。押麦は20分ゆでる。

2 鍋にオリーブ油をひき、鶏肉を入れて中火で炒め、鶏肉の表面に焼き色がついてきたら玉ねぎ、キャベツを入れて軽く炒める。

3 分量の水を入れて沸騰したら火を弱め、押麦、パプリカ、コンソメを加えて2～3分程度煮る。最後に塩、こしょうで味を調える。

カロリー	179kcal
塩分	1.9g

カロリー	201kcal
塩分	1.4g

たっぷりキャベツでさくっとした食感に

麦入り餃子

材料(1人分)
- 豚挽き肉……………30g
- 押麦………………… 3g
- キャベツ……………40g
- ニラ………………… 6g
- にんにく…………… 1g
- しょうが…………… 1g
- 餃子の皮…………… 6枚

● 餃子の調味料
- 濃口しょうゆ……… 5g
- オイスターソース… 5g
- 酒…………………… 4g
- ごま油……………… 1g
- 塩………………… 0.1g
- こしょう…………適量
- 水(湯)……………適量
- ごま油……………… 3g

作り方

1 押麦は20分ゆでておく。キャベツ、ニラ、にんにく、しょうがはみじん切りにする。

2 ボウルに豚挽き肉、1の材料と餃子の調味料を入れ、粘りが出るまで良く混ぜたら餃子の皮で包む。

3 フライパンにごま油を半分入れて中火で熱し、餃子を並べて焼く。

4 焼き色がついたら湯を入れてふたをし、3〜5分蒸し焼きにする。

5 ふたをとり、水分がなくなって焦げ目がついてきたら、残り半分のごま油を回し入れ、全体的に油が回ったら火を止めて皿に盛り付ける。

低カロリーでも栄養価が高い

豆腐ハンバーグ

材料(1人分)
- 鶏挽き肉……………30g
- 押麦…………………10g
- 玉ねぎ………………40g
- パン粉………………15g
- 木綿豆腐……………60g
- 薄力粉………………4g
- 塩……………………0.6g
- こしょう……………適量
- 大葉…………………1枚
- サラダ油(焼き油)……3g

作り方

1

玉ねぎはみじん切りにし、サラダ油でキツネ色になるまで炒めて冷ます。豆腐は水気を良くきっておく。大葉は千切りにする。

2

材料をすべてボウルに入れ、調味料を加えて粘りが出るまでよくこねる。

3

空気を抜きながら円盤型に成形する。

4

フライパンに油をひき、ハンバーグを焼く。豆腐ハンバーグはとても柔らかいため、型崩れしないように優しくフライパンに並べる。

5

片面に焼き目が付いたら裏返してしっかりと中まで火を通し、両面に焼き目をつける。
※ソース、付け合せはお好みで。

カロリー **241**kcal
塩分 0.8g

5章 ● おいしい大麦のおかず　103

塩分ひかえめでもみそのコクが活きる

鮭と麦味噌のホイル焼き

材料(1人分)
鮭‥‥‥‥‥‥‥‥‥‥80g
● ホイル焼き調味料
  赤みそ‥‥‥‥‥‥ 6.5g
  砂糖‥‥‥‥‥‥‥ 1g
  みりん‥‥‥‥‥‥ 1g
  濃口しょうゆ‥‥‥ 0.3g
  トウバンジャン‥‥ 0.3g
  押麦‥‥‥‥‥‥‥   5g
バター‥‥‥‥‥‥‥‥ 1g
なす‥‥‥‥‥‥‥‥‥ 30g
グリーンアスパラガス‥15g

作り方

1 なすは斜めに筒切りにする。グリーンアスパラガスは3等分に切る。押麦を20分ゆでておく。

2 混ぜたホイル焼き調味料に鮭を30分漬ける。縦20cm、横30cmのアルミホイルを用意する。

3 アルミホイルにバターを塗り、なすを敷く。なすの上に鮭とアスパラガスを乗せてアルミホイルで包む。

4 オーブンで160℃12分焼く。アルミホイルで包んでいるため焦げる心配はしなくてよいが、加熱し過ぎると野菜が崩れ、魚の旨味も薄くなるので注意する。

大根にだしをたっぷり含ませて

ふろふき大根の麦味噌のせ

材料(1人分)
大根	100g
押麦	10g
鶏挽き肉	20g
ゆず	1g
昆布	0.2g

● 調味料
赤みそ	10g
砂糖	5g
みりん	2g

作り方

1. 大根は輪切りにして皮をむき、面取りをする。隠し包丁を入れて下ゆでをする。押麦は20分ゆでて水気をきっておく。

2. 鍋に昆布と大根がかぶるくらいの水を入れて火にかける。沸騰させないように弱火で30～40分くらい煮る。串がすっと通るまで火を入れる。

3. 鶏挽き肉を炒め、火が通ったら調味料を入れ焦げつかないようにように混ぜながら、なめらかになるまで煮立たせる。押麦と刻んだゆずを加えて麦みその出来上がり。大根を盛り付け、上に麦みそを載せる。大葉の千切り(分量外)を載せてもよい。

Point 大根の面取りの仕方

大根は好みの高さに切りそろえて、厚めに皮をむく。切り口を上から見ると、外の皮の内側に繊維状の輪があり、食べると固い部分なので、皮と一緒に厚めにむく。

大根の煮崩れを防ぐため、面取りをする。裏面に「隠し包丁」といって、十文字に1/3程度まで包丁で切り込みを入れ、火の通りをよくする。

カロリー	128kcal
塩分	1.2g

カロリー	105kcal
塩分	0.8g

4つのネバネバと大麦で免疫力を高める

大麦入りネバネバ小鉢

材料（1人分）
- 押麦……………………10g
- 長いも…………………30g
- 納豆……………………10g
- オクラ…………………30g
- 味付芽かぶ………1/2パック
- うずらの卵………………1個
- 濃口しょうゆ……………3g
- だし……………………10g

作り方

1 オクラを色よくゆでるために表面を塩でこすり、そのまま1分～2分ゆでる。ゆで上がったら冷水にとり、水気を拭きとる。

2 押麦を20分ゆでる。長いもはすりおろしてゆでた押麦と混ぜる。

3 濃口しょうゆとだしで調味液を作る。

4 押麦、長いも、納豆、オクラを盛り合わせ、調味液をかける。

5 仕上げに味付芽かぶをそえて、上にうずらの卵を割って載せる。

押麦と豆腐でつくる

たっぷり麦の白和え

材料（1人分）

- 押麦……………………8g
- 絹ごし豆腐……………40g
- 糸こんにゃく…………25g
- しいたけ………………10g
- 春菊……………………20g
- にんじん………………10g

●調味液
- 白みそ……………………5g
- 砂糖………………………5g
- 酒…………………………2g
- 塩………………………0.8g
- だし……………………30g
- 押麦（粉砕）……………2g

作り方

1. 豆腐は一口大に切り、ゆでてから布巾を敷いたざるにあけ水気をきる。

2. 春菊は下ゆでして冷水にとり、食べやすい大きさ（3cmほど）に切る。押麦を20分ゆでてざるにあけておく。

3. 押麦（粉砕）は炒って包丁の背などで細かく砕く。鍋にだしと調味液を入れ、糸こんにゃく、千切りにしたにんじん・しいたけを入れて弱火で水分がなくなるまで煮る。

4. 3の具材の粗熱がとれたら1と2を加え、混ぜて完成。

カロリー	106kcal
塩分	1.5g

大麦 Q&A

大麦の魅力と健康パワーについてご紹介してきましたが、ご参考になりましたでしょうか？
大麦のことを、知れば知るほど疑問は尽きませんね。本誌の取材過程で出てきた、
さまざまな問い合わせに答えてみました。大麦のこと、もっと知ってくださいね!!

Q 大麦をよく見かけるようになったのですが、最近食べられるようになったのですか？

A 大麦の健康への効用が注目され、ずいぶんお店で見かけるようになりましたね。じつは大麦は100万年以上も前から食べられていたといわれます。実際に大麦を作るようになったのは紀元前6000年ごろです。メソポタミア文明の発祥地であるチグリス・ユーフラテス両河流域において、栽培されていた形跡があります。

Q 大麦が広く普及するようになったのはいつごろからですか？

A 第一次世界大戦後、静岡県出身の鈴木忠次郎が蒸気を用いて、大麦を加熱・圧ぺんして押麦を作る技術を開発しました。以降、押麦は精麦製品を代表する技術となり日本中に広く普及しました。

Q 市販の大麦は洗わなくても調理できるのですか？

A 洗わなくてもそのまま調理できます。製造工程で麦粒の40〜50％は削り取られますので、外皮の汚れはほとんど残っていません。どうしても気になるようでしたら、ざるなどに入れて流水でさっと洗い流せば、誤って混入したゴミなどもきれいに取り除くことができます。

Q 「もち麦」というものがありますが、お米と同じように、大麦にも「うるち」や「もち」があるのですか？

A 大麦にも「もち性」と「うるち性」があります。種子中のデンプンはアミロースとアミロペクチンの2種から構成されていますが、アミロースの割合が少なくなると、デンプンに粘りが出て「もち性」となります

Q 日本ではいつから大麦を食べるようになったのですか？

A 日本では弥生時代の初期（紀元前3世紀）ころの遺跡から、土器に付着した大麦が発見されています。つまり弥生時代にはすでに大麦が作られていたということになります。日本の文献で、大麦が表記された最も古いものは8世紀ごろに編纂された『元正天皇の詔勅』だといわれています。平安初期には大麦と思われる表記がいくつも見られるようになりました。

Q 食物繊維ってどのくらい摂ればいいのですか？

A 食物繊維の摂取目標量は成人女性で17g以上／日、成人男性で19g以上／日です（日本人の食事摂取基準：2010）。心筋梗塞死亡率との因果関係について、1日12g以下だと死亡率が増加し、24g以上だと低下するという報告があるそうです。

Q 大麦だけで炊飯する場合も、お米と一緒に炊くときと同じ要領ですか？

A 同じです。お米と炊くときには、お米だけで先に通常の手順で水を加えておいてください。そのあと、麦とその2倍量の水を足します。麦だけで炊く場合は、単純に炊く麦の2倍量の水を加えるだけでいいのです。

Q 大麦をゆでるとぬめりが出ますが、これはβ-グルカンが流れ出しているのですか？

A 大麦の水溶性食物繊維（β-グルカン）は大麦全体に含まれていますので、とくに気にしなくても大丈夫です。ゆで大麦にしていろいろな料理に活用して召し上がっていただければ、体に十分な食物繊維を取り入れることができます。どうしても気になる方は、麦ごはんにして食べていただければ、大麦をまるまるいただけます。

Q 精麦とはどうすることですか？

A 大麦の外皮をむいたり、加熱したり、圧ぺん（押しつぶすこと）したりする加工工程や、加工した製品のことを「精麦」といいます。こうした加工によって「押麦」、「胚芽押麦」、「米粒麦」、「もち麦」などの製品が生まれます。

Q 大麦の真ん中にある縦の黒い線を取り除いた製品がありますが、ない方がいいのでしょうか？

A 大麦に見られる黒い線は「黒条線（こくじょうせん）」といいます。黒条線は、麦の粒にある「くぼみ」に残った外皮であり、とくに体に影響を及ぼすものではありません。黒条線を取り除いた製品もありますが、それで栄養成分が変わることはありません。

Q 精麦製品はどこに行けば購入できますか？

A お米屋さんやスーパーなどで常時販売されています。もし、手に入れることができないようでしたら、精麦メーカーさんのホームページで通信販売しているところがあるので、チェックしてみてください。

Q 麦踏みって、何のために行うのですか？

A 麦踏みとは、1〜2月ころに麦の苗を足で踏む作業のことです。麦の苗を踏むことで、茎が折れ曲がり、傷付き、水分を吸い上げる力が弱まりますが、麦の内部の水分量が少なくなるため、寒さや乾燥に強くなるのです。また茎を傷めることで、根の成長を促進します。麦はこうして踏まれることでしっかり土に根を張り、まっすぐ伸びて丈夫に育つのです。

私たちが自信を持ってお届けする
おいしい大麦健康レシピです。

東京慈恵会医科大学附属病院 栄養部一同

● レシピ本制作に携わった栄養部メンバー 一覧

本院　附属病院

● 管理栄養士
濱　裕宣
吉田　久子
石井　和巳
赤石　定典
小川　篤美
小林　明美
渡辺　裕子
小中原　康子
福士　朝子
石井　克己
杉原　聡子
島本　友希子
坂本　愛有美
小嶋　はるか
宮下　恵理子
干川　三稀
大沼　未奈
福森　里美
橋本　憲子
石﨑　知子

平岩　さなえ
田邊　安奈
橋本　律子
水谷　真希子
大島　明子
青山　美里

● 栄養士
源中　園子
内藤　香苗
岡田　隆司
山口　和信
佐藤　雅也
佐藤　加名
谷中　健一
中川　節男
追川　公佑
山﨑　沙織
泉　結花
本藤　沙来
上村　育子
前田　淳子
遠藤　亜紀

● 調理師
篠田　良行
荒井　信夫
宇野　江津子
石戸　謙治
高橋　幸子
伊藤　直樹
末竹　学
小沼　富雄
鈴木　拓海
森田　信子
佐藤　知子
熊谷　希
松本　桃代
西村　悠馬
齊藤　弘樹
小池　康予
塩野谷　誠也
髙橋　美雪
辻　美紀子

● 調理員
宮﨑　希
清水　薫
浜田　ルミ

附属葛飾医療センター
● 管理栄養士
湯浅　愛
髙橋　徳伴
植草　美希
村岡　みち子
赤石　淑江

附属第三病院
● 管理栄養士
小沼　宗大
狩野　路也
佐藤　厚
種村　陽子
吉田　和代
糸田　涼
酒井　恵美

山本　恵美
相木　浩子
加藤　昌子
萩原　正規
原田　美和
豊田　さとみ
髙橋　恵
中村　ちひろ
岩田　明穂
森川　昌彦
田本　はる香
宇井　あんり
武原　由佳
水上　友里

● 栄養士
髙村　弘子
須賀　健次
江口　智子
鈴木　貴子
仁木　直江
髙木　梨衣
宮岡　甚也

🌿 レシピ本制作プロジェクトチーム

前列左から
本院　大沼 未奈（管理栄養士）
葛飾　植草 美希（管理栄養士）
本院　濱　裕宣（管理栄養士 課長）
第三　佐藤 千津子（調理師 主任）
柏　　松村　暁（管理栄養士）

後列左から
本院　石戸 謙治（調理師 主任）
本院　小川 篤美（管理栄養士 主任）
柏　　細田 暁彦（調理師）
本院　篠田 良行（調理師 主任）
本院　赤石 定典（管理栄養士 係長）

松本　麗
溝田　ひかる
曽我部　由満
● 調理師
鈴木　憲之
松尾　健太郎
佐藤　千津子
青田　次男
石井　孝典
原　里美
山本　清孝
羽石　真紀
吉野　裕康
櫻井　政則
● 調理員
前迫　和枝
鈴木　栄子
宇佐美　桂子
井上　景子
渡辺　慶子
久保田　道
浦田　ひとみ

赤羽　れい子
本嶋　葉子
大宅　はるみ
濱崎　みさ代
小石　昭子
工藤　まさ子
清水　節子
米内山　拓也
田中　智美

附属柏病院
● 管理栄養士
林　進
髙橋　弘
黒川　香奈子
田端　稔
島本　大樹
猿田　加奈子
小疇　寛子
友野　義晴
鈴木　章弘
今村　里香

藤永　愛
松村　暁
野村　佳子
髙橋　理美
堀越　文
● 栄養士
山﨑　優子
山浦　梨穂美
須賀　李江
栗原　みなみ
細村　瑠美
本多　淳一
● 調理師
佐藤　進
関根　英樹
門倉　充世
小山　進一
渋谷　逸美
細田　暁彦
市川　暢子
杉浦　由美子
大関　明美

赤塚　雄太
酒井　真寛
石川　洋子
小田切　保
宮里　英子
似田貝　照子
大森　文子
岡田　陽子
● 調理員
山口　房枝
高橋　和江
佐藤　久美子
髙嶋　よしえ
天野　初恵
椿　泰子
森　紀子
野瀬　洋子
柴山　和恵
松本　祐見子
小滝　千鶴子
大林　るみ子
牧野　春美

多田　真澄
佐藤　崇史
髙橋　明美
宮地　文子
飯島　香
能渡　恵子
原　もえみ

監修	東京慈恵会医科大学附属病院 栄養部
編集・執筆	大須賀哲司
アートディレクション&デザイン	後藤晴彦・峯岸昌代（オフィス ハル）
撮影	佐々木雅久
フードコーディネイト	城みゆき
撮影協力	深川製磁株式会社
DTP	ウイープラネット
校正	長谷雄一郎
編集協力	麒麟社
特別協力	株式会社はくばく
協　力	全国精麦工業協同組合連合会（全麦連）
	大麦食品推進協議会
	貝印株式会社

病院がはじめて大麦の魅力を解説
慈恵大学病院のおいしい大麦レシピ

発行日	2015年2月6日初版第1刷発行
	2015年2月16日初版第2刷発行
	2015年4月17日初版第3刷発行
	2016年6月29日初版第4刷発行
	2016年7月15日初版第5刷発行
発行所	東京慈恵会医科大学附属病院 栄養部
	〒105-8471　東京都港区西新橋3-19-18
発売所	株式会社 出版文化社
	〒101-0051
	東京都千代田区神田神保町2-20-2 ワカヤギビル2F
	電話：03(3264)8811　FAX：03(3264)8832
印刷・製本	株式会社シナノパブリッシングプレス

© TOKYOJIKEIKAIIKADAIGAKUFUZOKUBYOUIN EIYOUBU 2015
ISBN978-4-88338-575-1　C0077

無断転載・複写を禁じます。
定価はカバーに表示してあります。
乱丁・落丁のある場合はお取り替えいたします。